Editorial

W0415017

Liebe Leserin, lieber Leser,

auch in schwierigen Zeiten gilt es, den Mut nicht zu verlieren und den Blick weiter nach vorne zu richten. Nun, da uns einige zugelassene Impfstoffe zur Verfügung stehen, sind wir einen Schritt weiter, um die COVID-19-Pandemie überstehen zu können.

Weltweit sind viele – viel zu viele – Menschen an SARS-CoV-2 erkrankt und gestorben. Trotz dieser schrecklichen Erkenntnis stehen wir in der weltweit vernetzten Medizin an einem völlig anderen Ausgangspunkt als vor 100 Jahren. Die Tatsache für diesen Umstand ist schnell in einem Wort erklärt: medizinischer Fortschritt. Doch ist alles, was wir heute in der Medizin bzw. Notfallmedizin zu leisten in der Lage sind, eine Selbstverständlichkeit oder gar eine logische Konsequenz aus den Erfahrungen der Vergangenheit?

Um zu wissen, wohin der Weg führen soll, ist es manchmal notwendig zu wissen, woher man kam. Nicht alles, was in der Geschichte der Medizin geschah und getan wurde, war schlecht. Ebenso wenig ist das, was wir in der aktuellen Neuzeit tun, immer gut. Unbestritten bleibt, dass die Erkenntnisse der Vergangenheit uns helfen, Dinge in der Gegenwart oder Zukunft anders zu interpretieren oder zu lösen. Nicht zuletzt die – mitunter schmerzlichen und frustranen – Erfahrungen sind es, die uns immer wieder in der Lösung anstehender medizinischer Probleme leiten.

Wer in der Zukunft leben will,
muss in der Vergangenheit buchstabieren.

André Malraux (1901–1976)

Mit der vorliegenden Ausgabe möchten wir Sie auf eine kurzweilige Reise in die Geschichte des Rettungsdienstes von seiner Entstehung bis in die heutige Zeit einladen. In insgesamt 4 Zeitabschnitten möchten wir Ihnen das Leitthema dieser Ausgabe kurzweilig vorstellen und wesentliche Meilensteine der jeweiligen Epoche ins Gedächtnis rufen.

Es ist unser erklärter Wunsch, ein offenes und lebendiges Fachmagazin zu gestalten, in dem jeder angesprochen wird und möglichst viele ansprechen können. Es ist uns eine besondere Freude, dass das Leitthema dieser Ausgabe durch engagierte NotSan-Azubis der Franz-Anton-Mai-Schule des ASB-Landesverbandes Baden-Württemberg umgesetzt wurde. Sie haben mit viel Engagement und intensiver Recherche das Thema zu Papier gebracht. In chronologischer Form werden wichtige Meilensteine der Medizin und des Rettungsdienstes vorgestellt, die als Wegbegleiter und Wegbereiter zu verstehen sind. Auf den Anspruch auf Vollständigkeit wurde zugunsten der Kurzweiligkeit bewusst verzichtet.

Natürlich darf an dieser Stelle auch die Geschichte des Rettungsdienstes in Österreich nicht fehlen, die interessante Einblicke in die Vergangenheit gibt und so das Leitthema schön abrundet.

Simulation nimmt in der modernen Ausbildung zum Notfallsanitäter einen hohen Stellenwert ein. Gleichwohl kann und wird nicht jede ausbildende Institution willens und in der Lage sein, sich deshalb ein eigenes Simulationszentrum zu bauen. Der Beitrag zur Aufzeichnung von Simulationen zeigt auf, dass auch mit geringem Kostenaufwand Simulation und Debriefing möglich ist.

Spezifitäten beim supraglottischen Atemweg ergeben sich neben der qualifizierten Anwendung nicht zuletzt durch die Auswahl des entsprechenden Tools. In einem Beitrag zur i-gel® wird dieser Aspekt näher betrachtet.

Wir wünschen Ihnen viel Freude beim Lesen dieser Ausgabe – nicht zuletzt in der Hoffnung, ein wenig Ablenkung von Ihrem nicht gerade einfachen Alltag in diesen Tagen zu schaffen.

Ihre Herausgeber
J. Gollwitzer, H.-M. Grusnick, M. Klausmeier

Verschobener Erscheinungstermin für die Ausgabe 03/2021:
Anlässlich der ERC-Konferenz zu den neuen Guidelines 2020 und der damit verknüpften Veröffentlichung der GRC-Leitlinien verschieben wir den Erscheinungstermin der nächsten *Emergency* um einen Monat in den Juli 2021. Wir werden in dieser Ausgabe über alle relevanten Punkte rund um die kardiopulmonale Reanimation berichten und bitten um Ihr Verständnis für die Terminverschiebung!

In diesem Heft

LEITTHEMA | DIE GESCHICHTE DES RETTUNGSDIENSTES

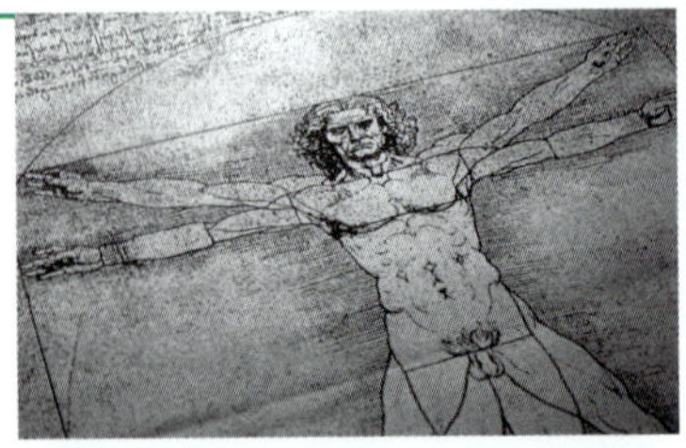

In diesem Heft

AUSBILDUNG

KASUISTIK

TOOLBOX & DIY

EINSATZTAKTIK

News | Termine | FOAM

In dieser Rubrik möchten wir in jeder Ausgabe auf aktuelle Themen eingehen sowie etwas aus der FOAM-Szene vorstellen. Auch Termine von Kongressen oder sonstigen interessanten Veranstaltungen werden Sie auf diesen Seiten finden.
Gerne können Sie uns Termine, die Sie hier gelistet haben wollen, unter der E-Mail-Adresse rettungsdienst@elsevier.com mitteilen. An die gleiche Adresse können Sie uns auch Leserbriefe schicken, auf die wir jetzt schon sehr gespannt sind.

FOAM-Plattform

Fortbildung für das Rettungsfachpersonal, aber auch den klinischen Bereich ist auch in Zeiten der Corona-Krise wichtig. Online-Plattformen stellen hierbei eine wichtige Komponente dar. Bereits in Zeiten vor Corona hat sich „Now to Go“ auf die Fahne geschrieben, in regelmäßigen Abständen online Vorträge aus eben diesen Bereichen anzubieten. Durch eine Registrierung auf der Website ist eine Buchung der einzelnen Vorträge möglich, für welche es nach Teilnahme auch eine CE-Bescheinigung inkl. Punkte für die ärztlichen Kollegen online abzurufen gibt. Dieses Angebot ist kostenfrei.

Wer sich nicht nur für den Fachbereich Notfall- und Intensivmedizin interessiert, kann sich nebenbei auch auf der Seite „Medizin to Go“ umsehen, wo selbiges Angebot auch für Fachbereiche wie Anästhesie, Gynäkologie, Neurochirurgie oder Pädiatrie zur Verfügung steht.

FOAM = Free Open Access Medical Education

FOAM-Artikel

Volumen bei Verbrennung

Denken wir an die Akuttherapie bei Verbrennungen, so denken wir neben steriler Abdeckung und Analgesie vor allem auch an Volumen. Aber wie viel ist eigentlich genug oder auch zu viel? Hierzu gibt es einen guten Artikel von Satahoo und Palmieri, welcher sich dieser Thematik zuwendet. Dieser ist unter dem Titel „Fluid Resuscitation in Burns: 2 cc, 3 cc or 4 cc?“ im Springer Verlag erschienen und dort als Open-access-Artikel über den nebenstehenden QR-Code abrufbar.

Wer sich mit der englischen Sprache etwas schwerer tut und einen kurzen Abriss zu diesem Thema auf Deutsch vorzieht, der ist mit einer Zusammenfassung zum Thema „Volumentherapie bei Verbrennung“ sowie auch deren Gefahren auf dem Blog „FOAM Rettungsdienst“ gut bedient. Auch dafür haben wir einen Zugang via QR-Code erstellt.

COVID-19-Impfstoffe

Schlägt man sich durch die sozialen Medien, findet man anhaltende heiße Diskussionen zu den zur Verfügung stehenden Impfstoffe gegen COVID-19. Man findet viele Argumente dagegen, wie z. B. zu geringe Testphase, zu wenig Probanden oder kein wirklicher Schutz, die zu Verunsicherungen bei der Bevölkerung führen und sogar beim Fachpersonal. Hier kann nur empfohlen werden, sich die zu den jeweiligen Impfstoffen von Biontech/Pfizer, Moderna sowie AstraZeneca veröffentlichten Studien selbst zu Gemüte zu führen und sich dann eine auf wissenschaftlichen Daten beruhende eigene Meinung zu bilden. Die einzelnen Studien der o. g. Hersteller können Sie über die nebenstehenden QR-Codes abrufen.

Alle hier aufgeführten Artikel sind „open access“ verfügbar

Covid-19-Langzeitfolgen

Auch die im Zusammenhang mit COVID-19 stehenden Langzeitfolgen für die Betroffenen sind ein Thema, welches nicht verdrängt werden sollte. Die ersten Erfahrungen hierzu wurden bereits in der Studie „6-month consequences of COVID-19 in patients discharged from hospital: a cohort study" veröffentlicht, welche Sie über den nebenstehenden QR-Code abrufen können.

Stroke und Lyse

Im Februar dieses Jahres hat die European Stroke Organisation (EOS) ihre aktuellen Guidelines zur Thrombolyse bei ischämischen Schlaganfällen im European Stroke Journal veröffentlicht. Die Guidelines befassen sich mit der Frage, welche Thrombolyse sich bei welchem Patientengut eignet, vor allem im Zusammenhang mit der jeweils festzumachenden Zeit des akuten Geschehens, sowie mit dem Einsatz der Thrombolyse vor einer mechanischen Thrombektomie. Der Guidelineartikel ist über den QR-Code kostenfrei abrufbar.

Anwendung von Arzneimitteln bei Kindern

... ist immer so eine Sache, was die Datenlage sowie die Informationen in der jeweils zugehörigen Fachinformation angeht. Die Website kinderformularium.de versucht hier ein wenig mehr Licht ins Dunkel zu bringen und dadurch zur Arzneimittelsicherheit bei Kindern beizutragen.

„Es werden insbesondere Dosierungsempfehlungen bereitgestellt, die auf der bestvorhandenen Evidenz basieren. Diese können teilweise von den zugelassenen Dosierungen abweichen, sind aber durch entsprechende wissenschaftliche Literatur belegt und entsprechen somit einer evidenzbasierten Off-label-Anwendung. Die Daten beruhen auf Primärliteratur, Fachinformationen sowie Leitlinien und werden durch unabhängige Experten überprüft." (www.kinderformularium.de)

Betrieben wird diese Seite durch das Uniklinikum Erlangen und finanziell durch das Bundesgesundheitsministerium unterstützt. Der Zugriff durch Fachpersonal ist kostenfrei, jedoch ist hierzu eine Registrierung zum Nachweis der fachlichen Zugehörigkeit notwendig. Wer bereits ein DocCheck-Passwort besitzt, kann sich mit diesem direkt einloggen.

Termine

Veranstaltungen D/A/CH

VERANSTALTUNG	DATUM	ORT	WEBSITE
GzFWR-Symposium	24.04.2021	*Online*	www.gzfwr.org
RettMobil	05.–07.05.2021	*Abgesagt*	www.rettmobil-international.com
Virtual CMC Conference	13.–14.07.2021	*Online*	www.cmc-conference.de
NOTFALLGÄU	19.–20.11.2021	Memmingen	https://notfallgaeu.de
Taktische Lagen im Rettungsdienst	24.–25.11.2021	Düsseldorf	www.taktik-rettungsdienst.de
Deutscher Rettungsdiensttag	27.11.2021	Frankfurt	www.deutscher-rettungsdiensttag.de
DIVI-Kongress	01.–03.12.2021	Hamburg	www.divi.de

Veranstaltungen international

VERANSTALTUNG	DATUM	ORT	WEBSITE
EMS World Expo	04.–08.10.2021	Atlanta, GA (USA)	www.emsworldexpo.com
TACmini	11.–12.10.2021	Sundsvall (Schweden)	www.tacmini21.se
EUSEM	27.–31.10.2021	Lissabon (Portugal)	www.eusem.org
Air Medical Transport Conference	31.10.–02.11.2021	Fort Worth, TX (USA)	https://aams.org/page/events
EMS Europe 2022	04.–06.05.2022	Glasgow (Schottland)	www.emseurope.org

Alle hier gelisteten Termine aufgrund der Corona-Krise ohne Gewähr.

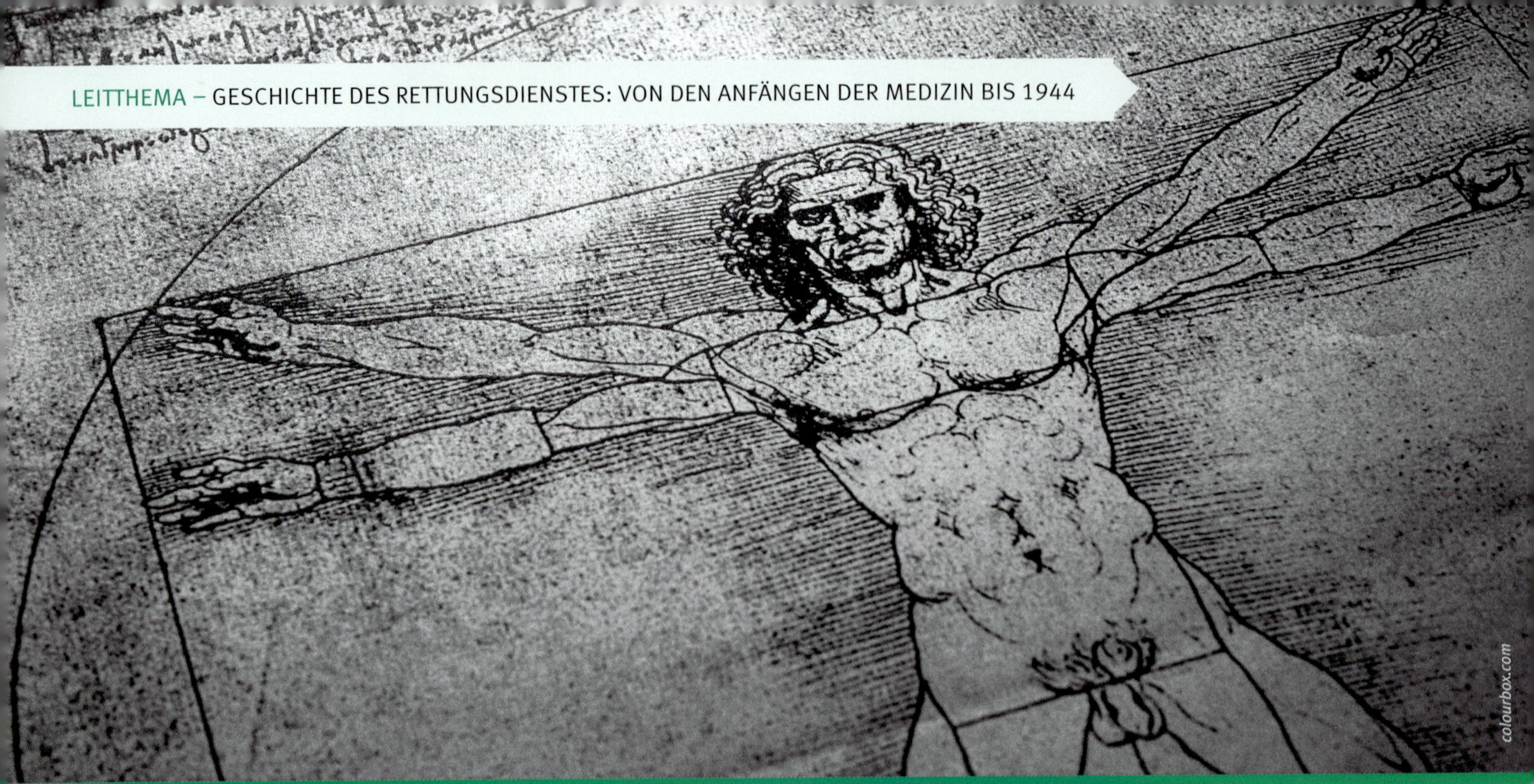

colourbox.com

Geschichte des Rettungsdienstes: von den Anfängen der Medizin bis 1944

Schlüsselwörter:
Antike
Mittelalter
Neuzeit
Erster Weltkrieg
Zweiter Weltkrieg

Zusammenfassung: *Seit frühester Zeit fasziniert die Medizin die Menschen. Schon Jahrtausende vor Christus wird von medizinischen Versuchen berichtet, es gibt Überlieferungen von medizinischen Erfolgen wie auch Misserfolgen. Beeindruckende medizinische Errungenschaften werden vor allem im Alten Orient, in Griechenland und im arabischen Raum erreicht – und aufgrund theologischer Bedenken im Christentum auch wieder verloren. Erst in der Neuzeit löst sich die christliche Welt langsam von den weltanschaulichen Einschränkungen – um schließlich Anfang des 20. Jahrhunderts bei menschenverachtender pseudo-medizinischer Forschung zu landen.*

Medizinischer Fortschritt in der Antike (bis ca. 5. Jh. n. Chr.)

Früheste Zeugnisse medizinischer Errungenschaften stammen aus dem Alten Orient, aus Ägypten und dem antiken Griechenland. Auch China hat bereits lange vor der europäischen Zeitrechnung Heilkunde ausgeübt; die europäische Medizin wurde jedoch vor allem vom antiken Griechenland beeinflusst.

➤ Tab. 1 zeigt eine willkürliche Auswahl von beeindruckenden Zeugnissen früher Medizinkunst.

Medizin im Mittelalter (ca. 500 bis 1500)

Die Menschen des Mittelalters wurden oft nicht älter als 40 Jahre. Einfache Erkrankungen oder Infektionen beendeten viele Leben frühzeitig.

Tab. 1 Frühe Meilensteine der Medizin [1–5]

ZEITRAUM	GEBIET	
7100 v. Chr.	Elsass	Der älteste Beleg für eine Trepanation (Schädelöffnung mittels Bohrer) stammt aus dem elsässischen Ensisheim. Werkzeuge bzw. „Medizingeräte" sind aus Feuerstein. Dieses Material ist härter als Metall und steril.
6500 v. Chr.	Slowenien	Bienenwachs wird als Zahnfüllung eingesetzt, um Schmerzen zu lindern und die Zerstörung des Zahns einzudämmen.
5000 v. Chr.	Dänemark	Kopf- und Zahnschmerzen werden mittels „Kaugummi" aus Birkenpech betäubt.
3000 v. Chr.	Ägypten	Schienung von Knochenbrüchen mithilfe von Harzen und Leinenbinden.
3000 v. Chr.	Mesopotamien	Älteste Lehrschrift für Medizin, enthält Kräuter und chemische Substanzen sowie Behandlungsmethoden. (z. B. Einführen von Heilkräutern mittels Katheter in die Harnblase, um Entzündungen zu bekämpfen.
2000 v. Chr.	Babylon	Behandlung des grauen Stars mittels Bronze-Nadel, mit der ins Auge gestochen wird.
2000 v. Chr.	Indien	Amputation von Gliedmaßen und Ersatz durch Prothesen.
2000 v. Chr.	China	Ärzte führen Impfung gegen Pocken durch. Dazu wird der Schorf von Erkrankten abgekratzt, pulverisiert und anschließend, in geringen Dosen, gesunden Menschen in die Nase geblasen.
1700 v. Chr.	Peru	83 % der Trepanationen verlaufen erfolgreich, d. h. die Patienten überleben den Eingriff.
1000 v. Chr.	Ägypten	Einsatz von Holzprothesen. Es gibt Fachärzte, wie zum Beispiel: Augenärzte, Ohrenärzte, Magenärzte und Zahnärzte. Weihrauch wird zur Schmerzbekämpfung eingesetzt. Ärzte werden bei Erfolg der Behandlung mit Münzen bezahlt, allerdings bei Misserfolg bestraft. Meistens durch Abschlagen der Hände. In China wurden die Ärzte teilweise hingerichtet.
500 v. Chr.	Römisches Reich	Militärärzte versorgen nach Schlachten die verwundeten Legionäre. Der Chirurg wird als Facharzt eingeführt. Chirurgen besserten ihr Wissen über Anatomie auf, indem sie tote Gladiatoren und Hingerichtete sezierten.
100 v. Chr.	Rom	Einführung von öffentlichen Ärzten und Hebammen.

Medizinisches Grundverständnis

Die europäische Medizin wurde weitgehend vom Wissen der griechischen Gelehrten beeinflusst. Deren große Schriften wurden ins Arabische und Persische übersetzt; wichtige medizinische Schulen entstanden in der arabischen Welt, eine medizinische Terminologie wurde entwickelt, wichtige Schriften über die verschiedensten medizinischen Fachgebiete wurden dort geschaffen. Übersetzungen ins Lateinische trugen das Wissen weiter in den christlichen Raum.

So wurde dann auch hier das medizinische Verständnis bis in die Neuzeit hinein von der Humoralpathologie beeinflusst, die auf der antiken Vier-Säfte-Lehre nach Hippokrates und Galen basierte [6, 7].

Nach dieser Lehre war es die wichtigste Grundlage für die Erhaltung der Gesundheit, die Körpersäfte im Gleichgewicht zu halten. Krankheiten wurden durch einen „naturwidrigen Stoff" verursacht, die sogenannte *Materia peccans* (von lat. peccare = sündigen). Diese Materie konnte einen der vier Säfte negativ beeinflussen und so das Gleichgewicht der Säfte stören. Heilung bedeutete in diesem Sinne, die schlechte Substanz aus dem Körper zu entfernen. Dies führte sogar noch bis ins 19. Jahrhundert hinein zum häufigen Einsatz von Aderlässen, Abführ- und Brechmitteln.

Behandlungen wie diese wurden von studierten Ärzten genauso wie von einfachen Badern angewendet.

Medizinisches Personal

Der Arzt oder Medicus stellte im Mittelalter die höchste medizinische Profession dar. Sein theoretisches Wissen erlernte er in einer Universität, vielfach auf der Basis der alten griechischen und arabischen Schriften. Praktische Erfahrung erlangte er erst während seiner Berufsausübung. Anatomische

Historic Collection/Alamy Stock Foto

Abb. 1 Medizinische Geräte aus dem alten Ägypten

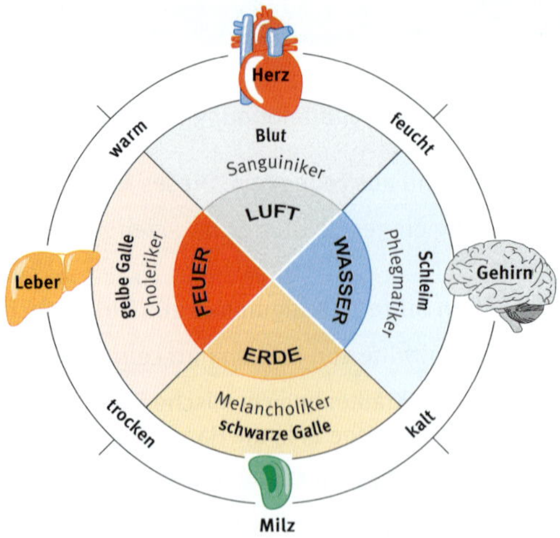

Abb. 2 Lehre der vier Körpersäfte nach Galen

Heike Hübner, Berlin

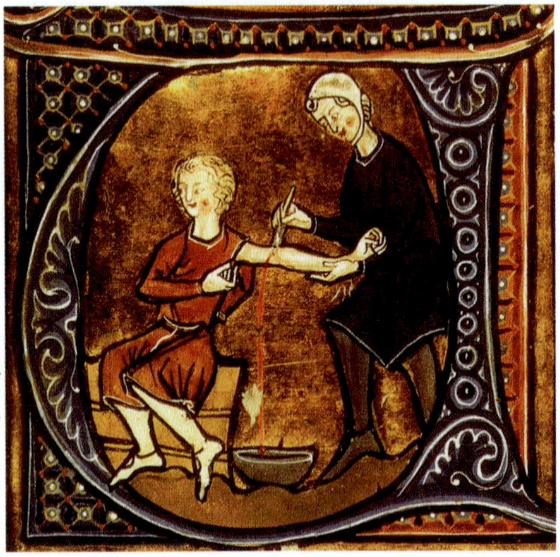

Abb. 3 Aderlass; 14. Jahrhundert

Photo Researchers/Alamy Stock Foto

Grundlagen durch Sektionen an Leichen waren damals durch die Kirche verboten.

Nur Menschen mit viel Geld konnten sich die Dienste eines Medicus leisten [11], für alle anderen musste ein Bader reichen.

Der Bader war eine Art „Wanderarzt“, welcher nicht studiert hatte. Er erlangte sein Wissen durch Überlieferung und praktische Erfahrungen. Er war für Operationen (z. B. Amputationen), „blutige“ Eingriffe (z. B. in der Zahnmedizin) und Augenheilkunde zuständig. Wollte man Bader werden, so musste man drei Jahre in die Lehre bei einem Bader-Meister gehen und sich dann auf eine dreijährige Wanderschaft begeben, um praktische Erfahrungen zu sammeln [12].

Den Beruf der Hebamme übten damals nur Frauen aus. Es existierte keine Ausbildung, das Wissen wurde von Frau zu Frau und von Generation zu Generation weitergegeben. Im Spätmittelalter musste eine Hebamme allerdings eine Prüfung vor dem Stadtarzt ablegen. Die Methoden der Hebammen waren damals schon sehr fortschrittlich, auch was kompliziertere Geburtsvorgänge betraf. Nicht einmal vor Kaiserschnitten oder anderen invasiven Maßnahmen schreckten sie zurück, wenn es darum ging, Kind oder Mutter zu retten. Hebammen hatten auch Kenntnisse bezüglich pflanzlicher Heilkunde [13].

Kenntnisse über die pharmakologische Wirkung von Pflanzen und Heilkräuter lieferte das ganzheitliche Denken der Hildegard von Bingen bereits im frühen Mittelalter.

Kirchliche Dogmen und Erlasse behinderten aber auch das freie Forschen und Operieren und somit die gezielte Erweiterung des Wissens um die Zusammenhänge im menschlichen Körper. Zeitweise waren die medizinischen Schriften der Griechen sogar verboten, sodass wichtiges Wissen wieder verloren ging.

Auf Humoralpathologie beruhende diagnostische Verfahren [8–10]:

- Pulsdiagnostik
- Harnschau (z. B. Diabetes mellitus mittels Bienen)
- Aderlass, Blutschau
- Stuhlschau
- Sputum-Begutachtung
- Schweißbeurteilung

Aderlass und Schröpfen

Patienten wurden im Mittelalter gerne zur Ader gelassen, um Infektionen zu heilen, sogar gegen die Pest [14, 15].

Auch bei Bluthochdruck kam der Aderlass häufig zum Einsatz. Damals konnten die Mediziner zwar keinen hohen Blutdruck messen, doch sie ließen häufig Menschen mit warmer, feuchter Haut und gerötetem Gesicht zur Ader. Das waren Kriterien, die auch aus heutiger Sicht bei vielen Bluthochdruckkranken als typisch angesehen werden.

Schröpfen als lokales Blutsaugen war ein traditionelles Therapieverfahren, bei dem auf einem begrenzten Hautareal ein Unterdruck aufgebracht wird.

Pestdoktoren

Ein Pestdoktor war ein Arzt, der auf die Behandlung von Pestkranken spezialisiert war. Eine Heilung war im Allgemeinen nicht möglich, und besonders angesehen war die Profession oft auch nicht. Trotzdem waren sie gerade in den Städten während großer Pestepidemien wertvolles medizinisches Personal.

Im 17. und 18. Jahrhundert trugen einige Pestdoktoren (vorwiegend in Italien und Frankreich) Schnabelmasken, die zu ihrem eigenen Schutz mit Kräutern und Flüssigkeiten gefüllt waren, weshalb man auch von *Schnabeldoktoren* sprach. Die Maske sollte sie vor Miasmen schützen, welche man damals als Ursache für die Pest hielt [16]. Miasmen, also giftige Verunreinigungen in der Luft, wurden über viele Jahrhunderte, bis in die Neuzeit hinein, für vielerlei Krankheiten und Seuchen verantwortlich gemacht.

Klostermedizin

Im Mittelalter wurden Medizin und Krankenpflege weitgehend von Mönchen in den Klöstern ausgeübt. Sie basiert vor allem auf der Phytotherapie (Pflanzenheilkunde). Es wurden auch Heilbäder sowie Salben und Tinkturen mit biblischen Heilpflanzen angewendet.

Auf der Basis des christlichen Grundverständnisses war auch die Beherbergung Kranker und Armer in den Klöstern und ihre Versorgung wichtig.

Jahrhundertelang hüteten und vertieften Mönche das medizinische Wissen und die Geheimnisse der Heilpflanzen in ihren Bibliotheken. Erst die Erfindung des Buchdrucks im 15. Jahrhundert ebnete den Weg für die weitere Verbreitung ihrer Kenntnisse [17].

Neuzeit

Erst in der Neuzeit – als man sich langsam von der Vorstellung zu lösen begann, Wiederbelebung und damit Notfallrettung sei gegen den Willen Gottes – kann man von ersten Schritten in Richtung einer Notfallmedizin sprechen (➤ Tab. 2).

Erster Weltkrieg

Bereits ab 1905 gab es erste motorisierte Sanitätsfahrzeuge. Viele Sanitäter wurden während des Ersten Weltkriegs eingezogen oder meldeten sich freiwillig, um Kriegsverletzte zu versorgen. In Laza-

Pictorial Press Ltd/Alamy Stock Foto

Abb. 4 Kupferstich eines Pestdoktors von Paul Fürst

Volgi archive/Alamy Stock Foto

Abb. 5 Henry Dunant – Gründer des Internationalen Roten Kreuzes

Tab. 2 Meilensteine der Notfallmedizin [18]

JAHR	EREIGNIS
1543	Der flämische Anatom Andreas Vesalius weist die Atemfunktion nach, indem er ein tracheotomiertes und thorakotomiertes Schwein erfolgreich beatmete. Er wurde dafür jedoch ausgelacht.
1740	Erlass über „Die Notwendigkeit und die Methoden der Wiederbelebung sowie die Zuständigkeit für die Wiederbelebung und die Ausstattung mit Rettungsgeräten“ durch den französischen König Ludwig XV.
1744	Die *Royal Humane Society* empfiehlt die Mund-zu-Mund- sowie die Blasebalgbeatmung, „da sie vielen nütze und niemanden schade“.
1788	Der englische Arzt Charles Kite fordert zusätzlich zur Beatmung bei der Reanimation eine Elektrostimulation des Herzens.
1804	Jacob Fidelis Ackermann, ein Mainzer Arzt, erkennt, dass Sauerstoffmangel unweigerlich zum Tod führt.
1831	Der Schotte Thomas Aitchison Latta wendet als Erster die intravenöse Infusionstherapie zur Behandlung bestimmter Schockformen mit physiologischer Kochsalzlösung an.
1863	Henri Dunant (➤ Abb. 5) gründet in der Schweiz das „Internationale Komitee der Hilfsgesellschaften für die Verwundetenpflege“, Vorläufer des Internationalen Roten Kreuzes.
1864	Zwölf europäische Staaten unterzeichnen die 1. Genfer Konvention zur Regelung des humanitären Völkerrechts im Kriegsfalle [19]. In den folgenden Jahren treten zahlreiche weitere Länder bei (Österreich 1866, das 1871 gegründete Deutsche Reich 1906). Die Konvention legt auch das Symbol der geschützten Verwundetenpflege fest: ein rotes Kreuz auf weißen Hintergrund.
1888	Gründung des Arbeiter-Samariter-Dienstes durch acht Berliner Zimmerleute. Der erste „Lehrkursus über die Erste Hilfe bei Unglücksfällen“ findet statt.
1908	Erstmals wird die Notfallmedizin als eigene Sonderwissenschaft eingeordnet. Sie habe daher eine entsprechende spezielle Ausbildung nötig.
1921	Gründung des Deutschen Roten Kreuzes

1. Genfer Abkommen zur Verbesserung des Loses der Verwundeten und Kranken der bewaffneten Kräfte im Felde (1864)
2. Genfer Abkommen zur Verbesserung des Loses der Verwundeten, Kranken und Schiffbrüchigen der bewaffneten Kräfte zur See (1949)
3. Genfer Abkommen über die Behandlung der Kriegsgefangenen (1949)
4. Genfer Abkommen über Zivilpersonen in Kriegszeiten (1949)

DRK

Abb. 6 Bergung einer verletzten Person aus den Trümmern

retten konnten Operationen durchgeführt werden, neue Operationstechniken für Splitterentfernung durch Kriegswaffenverletzungen wurden eingeführt. Auch Röntgenmaschinen standen den Ärzten dort zur Verfügung.

Antibiotika waren noch unbekannt, daher verstarben viele Patienten an Wundinfektionen. Ernst Gustav Ziemke, Chefarzt in verschiedenen Lazaretten in Frankreich und Belgien, dokumentierte seine chirurgischen Eingriffe und führte Sektionen verstorbener Patienten durch, wodurch auch neue medizinische Kenntnisse erworben werden konnten.

Abb. 7 Feldlazarett in Frankreich 1916

ullstein bild – Haeckel Archiv

Zwischen den Kriegen

Nach dem Ersten Weltkrieg erstreckten sich die Aufgaben der Hilfsorganisationen hauptsächlich auf Flüchtlingsbetreuung und den Suchdienst vermisster Personen. Der motorisierte Rettungsdienst wurde ausgebaut. Durch die Wirtschaftskrise Ende der 1920er-Jahre weitete sich die Versorgung durch die Hilfsorganisationen auch auf Kleidung und Lebensmittel aus.

In den 1930er-Jahren wurden Blaulicht und Martinshorn eingeführt und die letzten Krankentransport-Pferdekutschen abgeschafft.

Zweiter Weltkrieg

1941 begannen medizinische Menschenversuche in Konzentrationslagern. Unter dem Deckmantel der Forschung wurden KZ-Insassen grausamen Qualen ausgesetzt, wie Tauchen im Eisbecken, Unterdruckkammern, Benzinspritzen ins Herz oder Operationen und Entfernung von Organen ohne Narkose. Oft verstarben die Gefangenen unter den Torturen. Adolf Hitler schrieb 1942, *„dass grundsätzlich, wenn es um das Staatswohl geht, der Menschenversuch zuzulassen ist“* [20].

Die Menschenversuche wurden von studierten Ärzten durchgeführt, die später nur zum Teil im Nürnberger Ärzteprozess 1946/47 vor Gericht kamen.

Vor allem der Arbeiter-Samariter-Bund kam wegen seiner Herkunft aus der Arbeiterbewegung und der engen Verbindung zur SPD und den Gewerkschaften früh mit dem NS-Regime in Konflikt. 1933 wurden alle Hilfsorganisationen gleichgeschaltet. Der ASB wurde gänzlich verboten und enteignet und wie alle Hilfsorganisationen zum Deutschen Roten Kreuz überführt.

Quellen

[1 Jürgen Thorwald: „Macht und Geheimnis der frühen Ärzte“. (Der Spiegel 41/1962). https://www.spiegel.de/spiegel/print/d-45123586.html (letzter Zugriff: 11.1.2021)
[2] „Wie in der Steinzeit ein Schädel operiert wurde“ (Die Welt, 1.8.2008). https://www.welt.de/gesundheit/article2271745/Wie-in-der-Steinzeit-ein-Schaedel-operiert-wurde.html (letzter Zugriff:11.1.2021)
[3] „Steinzeit-Kaufgummi lüftet Geheimnisse“ (17.12.2019). https://www.wissenschaft.de/geschichte-archaeologie/steinzeit-kaugummi-lueftet-geheimnisse/ (letzter Zugriff:11.1.2021)
[4] „Steinzeitmenschen verwendeten Bienenwachs als Zahnfüllung“ (Süddeutsche Zeitung, 20.09.2012). https://www.sueddeutsche.de/wissen/praehistorische-medizin-steinzeitmenschen-verwendeten-bienenwachs-als-zahnfuellung-1.1473050 (letzter Zugriff: 11.1.2021)
[5] „Geschichte der Chirurgie“ (23.6.2017). https://www.heilpraxisnet.de/ganzheitliche-medizin/geschichte-der-chirurgie/ (letzter Zugriff: 11.1.2021)
[6] https://de.wikipedia.org/wiki/Medizin_des_Mittelalters
[7] https://de.wikipedia.org/wiki/Humoralpathologie https://mittelalter.fandom.com/de/wiki/Medicus (letzter Zugriff: 11.1.2021)
[8] Harnschau: https://wissenausdemmittelalter.com/2019/02/04/zur-harnschau-in-der-medizin-des-mittelalters/ (letzter Zugriff: 11.1.2021)
[9] Johannes Gottfried Mayer: „Die Blutschau in der spätmittelalterlichen Diagnostik“. In: Sudhoffs Archiv. Band 72, 1988, S. 225–233, JSTOR 20777192
[10] Konrad Goehl: „Zur Stuhlschau des Theophilus“. In: Würzburger medizinhistorische Mitteilungen Band 2, 1984, S. 29–77
[11] https://mittelalter.fandom.com/de/wiki/Medicus (letzter Zugriff: 11.1.2021)
[12] https://de.wikipedia.org/wiki/Bader (letzter Zugriff: 11.1.2021)
[13] https://www.mittelalter-lexikon.de/wiki/Hebamme (letzter Zugriff: 11.1.2021)
[14] https://de.wikipedia.org/wiki/Aderlass (letzter Zugriff: 11.1.2021)
[15] „Gesund dank Aderlass und Loch in der Schädeldecke“ (Die Welt, 22.11.2010). https://www.welt.de/gesundheit/article11129531/Gesund-dank-Aderlass-und-Loch-in-der-Schaedeldecke.html (letzter Zugriff: 11.1.2021)
[16] https://de.wikipedia.org/wiki/Pestdoktor (letzter Zugriff: 11.1.2021)
[17] https://www.planet-wissen.de/gesellschaft/medizin/klostermedizin/index.html (letzter Zugriff: 11.1.2021)
[18] www.wikipedia.org/wiki/notfallmedizin (letzter Zugriff: 11.1.2021)
[19] https://www.eda.admin.ch/eda/de/home/aussenpolitik/voelkerrecht/humanitaeres-voelkerrecht/genfer-konvention.html (letzter Zugriff: 11.1.2021)
[20] Lexikon zur Zeitgeschichte, München 1990, S. 143

Die Autorinnen und Autoren

Alexander Ehresmann, Jahrgang 1991, Groß- und Außenhandelskaufmann, Betriebswirt (IHK), Oberfeuerwehrmann der FFW Laichingen, Rettungssanitäter, aktuell Auszubildender zum Notfallsanitäter ASB Merklingen

Joel Neff, Jahrgang 1998, Rettungssanitäter, aktuell Auszubildender zum Notfallsanitäter ASB Karlsruhe

Tobias Witzemann, Jahrgang 1999, Rettungssanitäter, Feuerwehrmann der FFW Lauffen a. N., aktuell Auszubildender zum Notfallsanitäter ASB Heilbronn-Franken

Cathrin van Gent, Jahrgang 1994, Gesundheits- und Krankenpflegerin, Rettungssanitäterin, aktuell Auszubildende zur Notfallsanitäterin ASB Pforzheim

Fanny Bergmann, Jahrgang 1999, Rettungssanitäterin, aktuell Auszubildende zur Notfallsanitäterin ASB Tübingen

Nadja Lockner, Jahrgang 1992, Verkäuferin, Kauffrau im Einzelhandel, Buchhändlerin, Erste-Hilfe-Ausbilderin, Rettungssanitäterin, aktuell Auszubildende zur Notfallsanitäterin ASB Ludwigsburg

imageBROKER/Alamy Stock Foto

Geschichte des Rettungsdienstes: 1945 bis 1969

Schlüsselwörter
Clinomobil
Arnold-NAW
Rendevouz-System
NEF HD-10
Qualifikation/rechtliche Grundlage

Zusammenfassung: *Ein fahrbarer Operationsaal. Das klingt nach einer Lösung für viele Probleme und einem sehr modernen Ansatz. Was oft in Vergessenheit gerät, ist die Tatsache, dass es auch in der Anfangszeit des professionellen Rettungsdienstes bereits innovative Techniken zur Rettung von Menschenleben gab. Nicht alle Ideen waren revolutionär, aber einige prägen unser Handeln im Rettungsdienst bis heute.*

Allgemeine Entwicklung unter dem Einfluss der Besatzungsmächte

Nach dem Ende des zweiten Weltkriegs und der Aufteilung Deutschlands in vier Besatzungszonen auf der Konferenz von Jalta (Februar 1945) kam es auch zu deutlichen Veränderungen im Rettungsdienst.

Direkt nach der Auflösung des Deutschen Roten Kreuz zur Entnazifizierung war die Notfallrettung nicht mehr klar geregelt. Ärzte kamen auf Pferden angeritten und Patienten wurden mit Ochsenkarren in die Kliniken gebracht – sofern diese überhaupt noch existierten.

In der sowjetischen Besatzungszone kehrte das Deutsche Rote Kreuz (DRK) nach der Entnazifizierung sofort zurück. Dort fasste das DRK Fuß und erarbeitete sich im Bereich des Krankentransportes und der Notfallrettung eine Monopolstellung.

In der britischen Besatzungszone wurde 1945 beschlossen, den Krankentransport in die Verantwortung der Kommunen zu geben. Als sich die britische und die amerikanische Besatzungsmacht 1946 zur Bizone zusammenschlossen, übergaben sie die Aufgaben des Krankentransportes sowie die Notfallrettung wieder dem DRK. 1948 erweiterte Frankreich diesen Zusammenschluss zur Trizone.

Aufgrund steigender Verkehrsunfallzahlen wurde 1950 auch dem Arbeiter-Samariter-Bund, der Johanniter-Unfallhilfe und dem Malteser-Hilfsdienst erlaubt, im Krankentransport und der Notfallrettung mitzuwirken.
Da zur damaligen Zeit kaum ein Haushalt ein eigenes Telefon besaß, war die Alarmierung des Rettungsdienstes im Notfall sehr schwierig. Aufgrund dessen wurden Unfallmeldestellen errichtet. Diese waren zum Beispiel in Wirtschaften, Tankstellen, Schulen, Schlossereien oder Ladengeschäfte zu finden. Je nach Notfall wurde von dort aus die nächstgelegene Hilfsstelle, der nächste Arzt, das nächste Krankenhaus oder der Krankenwagen benachrichtigt.

Der Einsatz einheitlicher Notrufnummern für Feuerwehr und Polizei wurde in der DDR bereits im Jahre 1958 eingeführt. 1973 kam diese Vereinheitlichung dann durch den Einsatz der Björn-Steiger-Stiftung auch in der BRD. Bis in die 1960er-Jahre blieben die Unfallmeldestellen allerdings als zentrale Anlaufstellen bestehen, da noch viele Haushalte keinen Telefonanschluss besaßen.

Eine Vielzahl neuer Konzepte

Durch stetige medizinische Weiterentwicklung und technische Neuerungen wurden immer wieder neue Konzepte in der Notfallrettung erprobt. Zu diesen zählen unter anderem das „Clinomobil", der erste Notarztwagen in Köln, das „Rendezvous-System" in Heidelberg sowie das NEF HD-10 [1].

Februar 1957: Clinomobil

Der Heidelberger Chirurg Karl-Heinz Bauer entwickelte 1957 das Clinomobil (➤ Abb. 1). Dies war ein zum Operationswagen umgebauter Mercedes-Omnibus, der zur Einsatzstelle fahren und Patienten versorgen sollte. Kleinere Operationen wurden von der aus Pflegekräften und Ärzten bestehenden Besatzung vor Ort durchgeführt. Aufgrund des hohen Stromverbrauchs der medizinischen Geräte musste ein separates Aggregat auf einem Anhänger mitgeführt werden. Das ganze Konzept war jedoch sehr kostspielig und aufgrund der Größe des Omnibusses auch sehr unpraktisch. Deshalb wurde die Idee des Clinomobils nach der Erprobung relativ zügig verworfen.

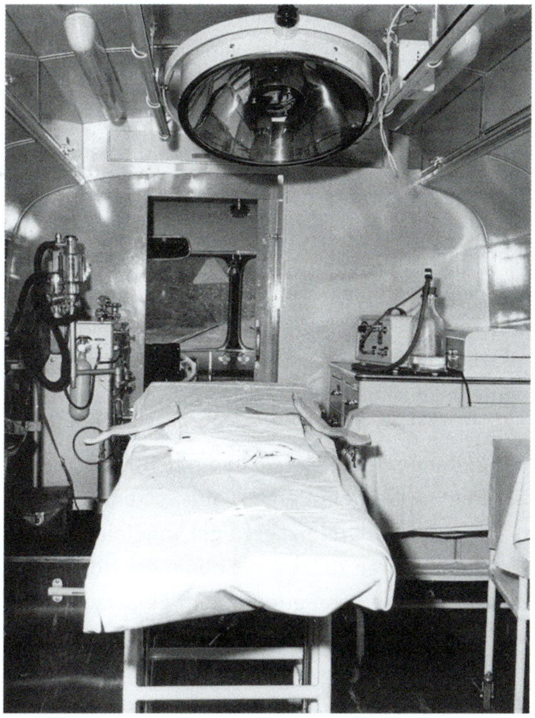
Bundesarchiv

Abb. 1 Clinomobil 1957, Innenansicht

Juni 1957: Arnold NAW

Am 3. Juni 1957 ging der erste Notarztwagen auf der Wache Lindenthal in Köln in Dienst [2]. Dieser fuhr unter dem Funkrufnamen ARNOLD NAW (➤ Abb. 2) und war dem Kölner Polizeifunkdienst angegliedert. Gesponsert wurde das Ganze durch die Kölner Ford-Werke finanziell mit 50.000 DM sowie materiell mit einem Ford FK 2500. Dieser NAW entstand auf der Basis einer fünfjährigen Studie des rechtsmedizini-

Abb. 2 Arnold NAW 1957

Neuhoff/Stadt Köln

schen Institutes der Universität Münster. Diese besagte, dass die Hälfte der Verkehrstoten (damals 13.000 Tote im Jahr) noch leben könnte, wenn der Arzt zum Patienten käme und nicht der Patient zum Arzt. Der Notarztwagen wurde durch die Feuerwehr besetzt, wofür zu Beginn vier Feuerwehrmänner ausgebildet wurden. Diese holten nach der Alarmierung einen Mediziner an der Uniklinik ab und brachten ihn zur Einsatzstelle. Dadurch konnte der Patient vor Ort erstversorgt und einer geeigneten Klinik zugeführt werden. Dieses System hat sich bis heute in verschiedenen Städten bewährt.

1964: Rendezvous-System und NEF HD-10

Die Idee hinter dem Rendezvous-System war, Rettungswagen und Notarzt getrennt voneinander zum Einsatzort fahren zu lassen. Sobald der Notarzt mit der Versorgung des Patienten am Einsatzort fertig war, konnte er einen neuen Einsatz aufnehmen, während der Rettungswagen die Verbringung in die Klinik selbstständig übernahm.

So funktionierte auch das Notarzteinsatzfahrzeug NEF HD-10, das 1964 als Projekt der Universitätsklinik Heidelberg in Dienst ging (➤ Abb. 3). Das NEF wurde zu Beginn durch einen Notarzt besetzt, der das Einsatzfahrzeug mit nach Hause nehmen und auch für private Zwecke nutzen durfte. Dies sollte ein Ausgleich dafür sein, dass sie für diese Tätigkeit nicht entlohnt wurden.

Nachdem ein junger Notarzt in den 1980er-Jahren seine über Funk mitgeteilte Einsatzstelle nicht gefunden hatte, musste von diesem Zeitpunkt an immer ein erfahrener Pfleger mitfahren. Dieser holte den jeweiligen zuständigen Notarzt zu Hause ab und fuhr ihn zum Einsatzort. Musste der Arzt im Rettungswagen mitfahren, konnte der Pfleger hinterherfahren und das Notarztfahrzeug musste nicht an der Einsatzstelle stehen bleiben.

Medizinische Ausrüstung

Auch für die Ausrüstung gab es keine einheitlichen Vorgaben. ➤ Tab. 1 zeigt ein Beispiel, wie ein Rettungswagen des DRK in der DDR ausgestattet war.

Qualifikation und gesetzliche Grundlagen

Die Qualifikation im Rettungsdienst vor 1970 bewegte sich auf freiwilliger Basis. Häufig fanden sich nur Freiwillige ohne rettungsdienstliche Qualifizierung, die diese Aufgabe übernahmen. Es war allerdings nicht möglich, einen Krankenwagen rund um die Uhr durch Ehrenamtliche zu besetzen, da sie natürlich erst einmal ihren eigentlichen Berufen nachkommen mussten. Engagierte Bürger, die sich selbst ein Blaulicht auf den Fahrradträger montierten, versuchten die Einsatzzeiten zu kompensieren. Außerdem gab es keine vorgeschriebenen Standards, nach denen Krankenwagen- oder Rettungswagenfahrer ausgebildet werden mussten. Manche Vereine hatten zwar ein Angebot zur Ausbildung im Bereich der Ersten Hilfe, aber auch diese unterlagen keiner Norm, weshalb sie stark durch die Meinungen und Vorlieben der jeweiligen Mit-

Tab. 1 Ausstattung eines DRK-Rettungswagens in der DDR [3]

SANITÄTSMATERIAL UND GERÄTE	BEATMUNGS- UND INHALATIONSGERÄTE	TRANSPORTGERÄTE, DECKEN UND WÄSCHE	ALLGEMEINE AUSRÜSTUNG
• ein Sanitätskasten (klein) • zwei Sätze Kramerschienen • eine Nierenschale • ein Wasserkanister (5 Liter) für abgekochtes Wasser • 2 Paar Gummihandschuhe	• 2 Mundbeatmungsgeräte Medi 3805/42013 • 1 Sauerstoffinhalationsgerät Medi 8202 • 2 Sauerstoffflaschen (2 Liter, Reserve)	• 2 Krankentragen • 1 Tragestuhl • 4 Krankendecken • 2 Gummilaken je 2m x 1,5m • 1 Brett für den Transport von Wirbelsäulenverletzten • 1 Lederriemengestell für den Transport von Geisteskranken • 2 Bettlaken • 2 Bettbezüge • 1 Bettlaken und 1 Bettbezug (steril verpackt)	• 1 Satz Brechwerkzeug • 1 Hand-Scheinwerfer

arbeiter beeinflusst wurden. Zudem befand sich jeder Beteiligte in einer Grauzone, da es keine Gesetzesgrundlage für diese Tätigkeit gab.
Eine geregelte Ausbildung gab es erstmals durch das 520-Stunden-Programm „zur Ausbildung des Personals im Rettungsdienst", das durch den Bund-Länder-Ausschuss Rettungswesen im Jahre 1977 beschlossen wurde.
Durch die fast ausschließlich ehrenamtlich besetzten Rettungsfahrzeuge war es kompliziert, eine generelle und zugleich einheitliche Ausbildung zu realisieren.
Nach dem Krieg war in der BRD die Organisation des „Rettungsdienstes" in die Hände der Kommunen übergeben worden. Die Folge daraus war, dass die Organisation auf unterschiedlichste Art und Weise gehandhabt wurde. Wenn sich eine Stadt dafür aussprach, einen Krankenwagen zu betreiben, mussten grundlegend folgende Dinge geklärt werden: Besatzung, Finanzierung, Stationierung, Instandhaltung.
Die Johanniter richteten schon Mitte der 1950er-Jahre eine ständig besetzte Autobahnwache ein und waren somit, zumindest theoretisch, immer verfügbar. Die Umsetzung erforderte viel Ideenreichtum, da es in dieser Zeit weder Mobiltelefone noch das Geld für in Autos eingebauten Funk gab. Ein Unfall musste über eine Unfallmeldestelle der Polizei gemeldet werden. Diese informierte daraufhin telefonisch die wachhabende Besatzung, welche dann zum Unfall ausrückte. Hatte der Krankenwagen die Wache einmal verlassen, war eine weitere Alarmierung bis zur Rückkehr nicht mehr möglich. Nicht selten kam es dadurch zu sehr langen Wartezeiten und Todesfällen.
In der DDR war der Rettungsdienst staatlich geregelt und konnte somit besser und bereichsdeckender finanziert werden. Kleinere Gemeinden besaßen sogenannte „Bereichskrankenschwestern", die eine erste Anlaufstelle für Verletzte boten.
Eine Gemeinsamkeit von Ost- und Westdeutschland bestand in der fehlenden Gesetzesgrundlage für den Rettungsdienst. Jeder Beteiligte befand sich so in einer Grauzone ohne Richtlinien.

Aufgaben der unterschiedlichen Rettungsdienst-Organisationen

Grundsätzlich waren alle Organisationen, die Krankenwagen besaßen, an der Rettung beteiligt. Jeder Verband hatte sich darüber hinaus in weiteren Bereichen eingebracht.
So unterstützte die Johanniter-Unfall-Hilfe in der Nachkriegszeit die Bürger durch das Verteilen von Essen und Ausfahren von Paketen.
Der Malteser-Hilfsdienst, gegründet 1953, engagierte sich bei Sanitätsdiensten und der Ersten Hilfe, bei Krankenhausdiensten und dem Katastrophenschutz.
Der Arbeiter-Samariter-Bund gründete sich 1946 in den Gebieten der westlichen Besatzungsmächte neu. Er führte die Ersthelfer-Ausbildung durch, half beim Sanitätsrettungsdienst sowie bei der Hilfe für DDR-Flüchtlinge. Nach einigen Jahren übernahm der ASB Katastrophen- und Auslandseinsätze, errichtete Krankenhäuser wie auch Altenheime und setzte sich für Menschen mit Behinderung ein.
Das Deutsche Rote Kreuz übernahm hauptsächlich die Rettung und war dadurch ausreichend ausgelastet.

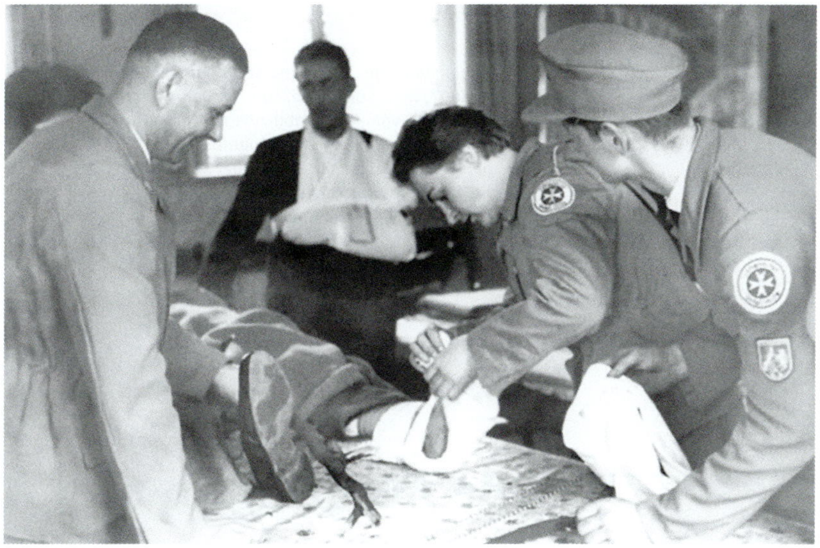

Johanniter

Abb. 3 Erste-Hilfe-Ausbildung 1953 bei der Johanniter-Unfallhilfe

DIE JOHANNITER

ASB Arbeiter-Samariter-Bund

Malteser

Deutsches Rotes Kreuz

Klaus Mohr, Marl

Abb. 4 Im Notfall ganz alleine – deutsche Autobahn in den 1960er-Jahren

Quellen

[1] Büttner, Romann: „Vom Klinomobil zum Rendezvous-System", 21.6.2007, www.spiegel.de/auto/aktuell/50-jahre-notarztwagen-vom-klinomobil-zum-rendezvous-system-a-489354.html (letzter Zugriff: 14.12.2020)
[2] Goral, Andi: „Jubiläum für den Kölner Notarztdienst – Einsatz für ‚Arnold NAW'", 9.6.1017, www.report-k.de/Koeln-Nachrichten/Koeln-Blaulicht/Jubilaeum-fuer-den-Koelner-Notarztdienst-Einsatz-fuer-Arnold-NAW-78435 (letzter Zugriff: 14.12.2020)
[3] http://drk-ddr.de/FW.html (letzter Zugriff: 14.12.2020)

Weitere Quellen

Vogel, Alexander (Leitung Redaktion): „Was ist der Rettungsdienst?", www.stadt-koeln.de/artikel/02939/index.html (letzter Zugriff: 14.12.2020)
Wickfelder, Andrea und Bernd (Geschäftsführung): „Die Geschichte und Gegenwart des privaten Rettungsdienstes in Deutschland", https://ktow.de/historie.htm
El Cheikh, Fabian: „Geschichte des Rettungsdienstes", https://www.offenbach.de/microsite/feuerwehr/historie/geschichte-rettungsdienst-herzog.php (letzter Zugriff: 14.12.2020)
https://de.m.wikipedia.org/wiki/Rettungsdienst
https://de.m.wikipedia.org/wiki/Notruf
http://drk-ddr.de/FW.html

Die Autorinnen und Autoren

Juri Weis,
Jahrgang 1997, seit 2018 beim ASB tätig, zuerst im Rahmen eines Bundesfreiwilligen-Dienstes, mittlerweile als Notfallsanitäter-Auszubildender

Julia Rode,
Jahrgang 2000, Notfallsanitäterin in Ausbildung beim Arbeiter-Samariter-Bund, Region Mannheim/Rhein-Neckar. Abgeschlossene Rettungssanitäter-Ausbildung im Rahmen eines Bundesfreiwilligen-Dienstes

Ole van der Lip,
Jahrgang 2001, seit Oktober 2019 in der Ausbildung zum Notfallsanitäter

Klaudia Markisz,
Jahrgang 1999, seit 2019 Ausbildung zur Notfallsanitäterin beim ASB

Marcel Herrmann,
Jahrgang 1999, Rettungssanitäter, Tätigkeiten im OP und Medikamentenforschung. Seit Oktober 2019 in Ausbildung zum Notfallsanitäter

Björn-Steiger-Stiftung

Geschichte des Rettungsdienstes: 1970 bis 1989

Schlüsselwörter
Björn-Steiger-Stiftung
Rettungsassistentengesetz
Notrufsystem 73
DDR

Zusammenfassung: *In der Geschichte des Rettungsdienstes zeichnet sich die Zeit von 1970 bis 1989 durch ein gesteigertes politisches und gesellschaftliches Engagement aus. Diese Entwicklung verdanken wir zu einem herausragenden Teil der Björn-Steiger-Stiftung sowie den aufkommenden Diskussionen zwischen Interessenvertretern des Rettungsdienstes und der Regierung der BRD. Auch die DDR führte in diesem Zeitraum innovative Strukturen ein. Mit diesem Artikel zeigen wir die Grundsteine, auf denen der heutige Rettungsdienst beruht.*

Björn-Steiger-Stiftung

Abb. 1 Steigerstern

Björn-Steiger-Stiftung

Björn Steiger war im Alter von acht Jahren von einem Auto angefahren worden. Aufgrund der fast einstündigen Wartezeit auf den Krankenwagen verstarb Björn in Folge eines Schocks noch im Krankenwagen. Als Reaktion auf diese Tragödie gründeten seine Eltern, Ute und Siegfried Steiger, am 07.07.1969 die „Björn-Steiger-Stiftung". Ziel der Stiftung war es, ein bundesweit funktionierendes Rettungssystem zu schaffen, um zu vermeiden, dass auch andere Menschen wegen eines zu langen Wartens auf den Rettungsdienst sterben müssen. Schaut man auf das Logo der Stiftung, so fällt einem der Stern, der sogenannte „Steigerstern", auf (> Abb. 1). Dieser steht mit seinen sieben ungleichen Strahlen für Hilfe, Flexibilität und den Willen zur Veränderung.

Im Folgenden stellen wir einige Errungenschaften vor, die durch das Engagement der Björn-Steiger-Stiftung erlangt wurden [1].

Zuständigkeiten (1970)

Da sich keiner für die Notfallhilfe zuständig fühlte, blieb ein offener Brief an die Innenminister erfolglos. In der Folge wurde die Arbeitsgemeinschaft Rettungsdienst Nordwürttemberg und weitere Fachgremien unter dem Vorsitz von Siegfried Steiger gegründet. Daraus gehen später die „Landesrettungsdienstausschüsse“ und die Konferenz Rettungsdienst beim Bundesverkehrsminister hervor.

Münzen für den Notfall (1971)

Für einen Notruf über eine Telefonzelle benötigte man damals 20 Pfennig. Damit im Notfall nicht das passende Kleingeld fehlte, brachte die Stiftung symbolisch in einer Aktion eine Pappkarte heraus, welche zwei 10-Pfennig-Münzen enthielt, und verteilte diese an öffentlichen Telefonen. Erst 1984 wurde der münzfreie Notruf beschlossen.

Notruftelefon (1971)

100 Notruftelefone wurden in verschiedenen Bundesländern installiert. Doch die Bundesländer verweigerten die Kostenbeteiligung und stellten die Aktivitäten in dieser Richtung ein. Nichtsdestotrotz bestückte die Stiftung insgesamt 35.000 Kilometer Bundes- und Landesstraßen mit den Notruftelefonen. Viele der Notruftelefone mussten einen eigenen Telefonhauptanschluss besitzen, welcher monatlich mit 27,50 DM (rund 14 Euro) abgerechnet wurde.

Notarzt 24/7 (1971)

Mit Unterstützung der Motor-Presse-Stuttgart finanzierte die Stiftung einen voll ausgerüsteten Notarztwagen. Er sollte einer deutschen Stadt übergeben werden, die zusagte, den Wagen rund um die Uhr mit einem Notarzt zu besetzen. Keine Großstadt wollte diese Anforderung erfüllen. Erst nach der Berichterstattung in den Medien organisierte die Stadt Stuttgart einen Notarztdienst. Das war die Geburtsstunde für das bundesdeutsche 24-Stunden-Notarztsystem.

Autobahn-Notruf (1971)

Nach dem Krieg hatte Deutschland viele Autobahnen, alle jedoch ohne modernes Notrufsystem. Das Bundesverkehrsministerium wollte zunächst die alten, ungenutzten Systeme an den neuen Autobahnen anbauen. In einem ausführlichen Gespräch überzeugte Siegfried Steiger jedoch den damaligen Bundesverkehrsminister Georg Leber von der Notwendigkeit, die neuen Strecken gleich mit moderneren Notruftelefonen auszustatten. In diesem Gespräch wurde ebenfalls entschieden, dass alle ab 1973 neu erbauten Autobahnen von Anfang an mit stationären Notruftelefonen bestückt werden müssten.

Rettungsdienst (1971)

Schnelle Hilfe und vor allem eine schnelle Rettung sind wichtig. Dies sollte möglichst schon auf dem Weg in das Krankenhaus geschehen. Bislang wurden Patienten meist nur in Krankenwagen ohne medizinische Einrichtung oder medizinisches Personal ins Krankenhaus transportiert. Die Stiftung übergab nun jedem Bundesland einen voll ausgestatteten Rettungswagen.

Staatliche Luftrettung (1972)

Die Bundesregierung konnte den zugesagten Rettungshubschrauber für den Großraum Frankfurt nicht finanzieren – und auch der ADAC nahm seine Finanzierungszusage zurück. Deshalb kaufte die Stiftung aus den Erlösen einer Benefizschallplatte und durch die Verpfändung des Wohnhauses der Familie Steiger den Rettungshubschrauber *Christoph 2* und übergab ihn an das Bundesinnenministerium.

Zivile Luftrettung (1972)

Eine flächendeckende Finanzierung der Luftrettung war für die Bundesregierung schlicht nicht machbar. Daher sorgte die Stiftung für den Aufbau und die Finanzierung der ersten zivilen Luftrettungsorganisationen in Deutschland, die Deutsche Rettungsflugwacht (DRF).

Rettungsmodell (1973)

Die Stiftung startete das eigenfinanzierte „Rettungsmodell Rems-Murr“. Damit wurde erstmals eine vollständige Personal- und Materialberechnung für einen wirtschaftlich finanzierbaren Rettungsdienst aufgestellt. Das Modell hierzu wurde am 25.03.1974 vom Kreistag übernommen und danach zum Muster für die bundesweite Notfallhilfe. Noch heute sind die Werte von damals gültig. Durch dieses Projekt wurde erstmals in Europa flächendeckende Notfallhilfe durch zentrale Rettungsleitstellen geschaffen.

Notruf 110/112 (1973)

Bereits 1956 gab es in der DDR die Notrufnummern 112 für die Feuerwehr und 110 für die Polizei, jedoch hatten nur wenige Großstädte diese einheit-

lichen Nummern auch geschaltet. Wurde Hilfe benötigt, musste man im Telefonbuch nach der nächsten Notrufnummer suchen.
Im Frühjahr 1973 führte die Björn-Steiger-Stiftung im damaligen Nordwürttemberg die Notrufnummern 110/112 in sämtliche Ortsnetze der Deutschen Bundespost ein. Die bundesweite Einführung scheiterte, doch Siegfried Steiger verklagte das Land Baden-Württemberg und die Bundesrepublik vor dem Verwaltungsgericht Stuttgart auf die Einführung der Notrufnummer (AZ II 139/73). Am 03.09.1973 wurde die Klage wie erwartet abgelehnt, führte jedoch zu einer großen Unterstützung der Öffentlichkeit. Dadurch wurde am 20.09.1973 die Einführung des Notrufs durch den Ministerpräsidenten mit dem Bundeskanzler beschlossen.

Schnellbergung (1974)
Schwer verletzte und eingeklemmte Unfallopfer mussten Anfang der 1970er-Jahre oft sehr lange auf ihre Rettung warten. Der damals zuständige Rüstwagen der Feuerwehr kam häufig zu spät oder gar nicht. Um eingeklemmte Unfallopfer schnell retten zu können, entwickelte die Stiftung zusammen mit der Stuttgarter Feuerwehr einen geländegängigen Schnellbergungswagen (SBW).

Baby-Notarztwagen (1974)
Bis 1974 war die Bundesrepublik auf Platz 1 der Säuglingssterblichkeitsrate aller Industrienationen. Grund hierfür war die immer noch vorhandene Trennung der Entbindungs- und Kinderkliniken. Die Transporte ohne ärztliche Versorgung zwischen den Kliniken führten oft zu Spätfolgen oder sogar Todesfällen. Die Stiftung finanzierte und entwickelte deshalb den ersten Baby-Notarztwagen mit eingebautem Transport-Inkubator (➤ Abb. 2). Aufgrund dieser Veränderung sank die Säuglingssterblichkeit in den Entbindungskliniken im Raum Stuttgart im ersten Jahr um ganze 70 %.

Abb. 2 Baby-Notarztwagen

Björn-Steiger-Stiftung

Telematik (1975)
Das Notarztsystem brachte Patienten zwar schnell in die Klinik, doch sparte es keine Zeit bei der aufwändigen Patientendatenerhebung – was zu Verzögerungen bei der Behandlung führte. Um auch hier Zeit zu gewinnen, entwickelte die Stiftung den ersten „Telematik-Notarztwagen“. Aus diesem konnten Patientendaten noch vor Ankunft des Patienten direkt in die Klinik geschickt werden.

Rettungssanitäter (1976)
In seinem 15-Punkte-Programm hatte Siegfried Steiger schon 1969 ein Berufsbild für Rettungssanitäter gefordert. Die Björn-Steiger-Stiftung finanzierte hier als Anstoß die Ausbildung eines Rettungssanitäters beim Roten Kreuz für zwei Jahre. Immer mehr Fachleute schlossen sich dieser Forderung an.

Notarzteinsatzfahrzeug (1979)
Der Fahrer, ein Notarzt und ein Rettungssanitäter waren im Idealfall auf der gleichen Wache untergebracht. Da dies nicht flächendeckend möglich war, kam es vor, dass der Notarzt nach der Alarmierung in der Klinik abgeholt wurde, was zu immensen Zeitverzögerungen führte. Bereits 1964 gab es in Heidelberg das erste Notarzteinsatzfahrzeug. Um jedoch die Zeitverzögerungen weiter zu minimieren, entwickelt auch die Björn-Steiger-Stiftung 1979 ein Notarzt-Einsatz-Fahrzeug, kurz NEF (➤ Abb. 3). Die Stiftung schenkt den vier Hilfsorganisationen ASB (Arbeiter-Samariter-Bund), JUH (Johanniter-Unfall-Hilfe), MHD (Malteser Hilfsdienst) und DRK (Deutsches Rotes Kreuz) jeweils ein NEF.

Organtransport (1982)
Spender und Empfänger eines Organs befinden sich nur selten nahe beieinander. Um die teilweise sehr großen Entfernungen möglichst effektiv und schnell zu überwinden, entwickelte die Stiftung ein Fahrzeug mit schwankungsfreiem Kühlaggregat – den Organtransportwagen.

LAR (1988)
Die Stiftung gab nicht nur in der Bundesrepublik Anstoß zur zivilen Luftrettung. Zusammen mit der

DRF gründeten Sie die Air Rescue (LAR) in Luxemburg. Diese entwickelte sich rasch zur mitgliederstärksten Organisation in ganz Luxemburg.

Normative Grundlagen und Gesetze

1970er-Jahre

In den 1970er-Jahren waren in den ländlichen Regionen kaum Telefone oder Funkmeldeempfänger vorhanden. Die Erstversorgung wurde daher überwiegend durch die Freiwilligen Feuerwehren geleistet. Diese baten nach Möglichkeit die örtlichen Hilfsorganisationen um Hilfe. 1972 bis 1974 wurde erstmals im Bundestag über den Beruf des Rettungssanitäters beraten. Konkret gab es einen Gesetzentwurf vom 18.06.1973, in dem von einer einheitlich geregelten, 2-jährigen Lehrgangsausbildung mit gesetzlicher Zulassung die Rede war. Das Gesetz scheiterte insbesondere an den Fragen der Ausbildungsfinanzierung und möglicher tariflicher Auswirkungen sowie an einer möglichen Verdrängung des ehrenamtlichen Personals. Am 10.09.1977 veröffentlichte der Bund-Länder-Ausschuss Rettungswesen die „Grundsätze zur Ausbildung des Personals im Rettungsdienst". Dies war zwar kein Bundesgesetz, wurde aber von den meisten Ländern als Standard herangezogen. Es gab jedoch keine einheitlichen Prüfungen. Der Lehrgang wurde mit 520 Stunden angesetzt und in theoretischen und praktischen Teilen absolviert. Dabei wurde bewusst die Formulierung „Personal im Rettungsdienst" verwendet und nicht „Rettungssanitäter", da diese Berufsbezeichnung durch das noch kommende Gesetz geregelt werden sollte.

1980er-Jahre

Mitte der 1980er-Jahre wurden tragbare Funkmelder im Katastrophenschutz gängiger, wodurch diese teilweise auch für die Einsatzunterstützung vor Ort genutzt wurden. 1980 forderte der 1. Bundeskongress der Rettungssanitäter erneut eine 2-jährige Ausbildung. 1983 wurde der Bundesverband für den Rettungsdienst e. V. (BVRD) als organisierte Interessenvertretung gegründet. Am 10.07.1989 wurde das Rettungsassistentengesetz erlassen. Damit wurde die Ausbildung bundesweit einheitlich mit insgesamt 1.200 Stunden sowohl theoretischer als auch praktischer Ausbildungszeit geregelt. Die Rettungsassistenten wurden damit den anderen Berufen im Gesundheitswesen angenähert. Sie konnten durch eine vertiefte Ausbildung und Notkompetenzen eine bessere Erstversorgung leisten und einen qualifizierten Transport in die nächstgelegene Klinik gewährleisten. Ein großer Kritikpunkt war bereits beim Erlass des Gesetzes die rechtliche Unklarheit und praxisferne Ausbildung.

Björn-Steiger-Stiftung

Abb. 3 NEF

Notrufsystem 73

Die Entwicklung eines neuen Notrufsystems begann 1970, 1973 wurde es eingeführt. Ziel war ein Notruf ohne Vorwahl im Telefonnetz der Bundesrepublik Deutschland. Alle Hilfskräfte konnten da-

Abb. 4 Ausschnitt: Antwort auf eine kleine Anfrage an die Bundesregierung vom 27.12.1979 [2]

A. Zielsetzung

Durch das Gesetz soll erstmals die Zulassung zum Beruf des Rettungssanitäters gesetzlich geregelt werden.

B. Lösung

Nach dem Entwurf sollen für die Erteilung der Erlaubnis zur Führung der Berufsbezeichnung „Rettungssanitäter" oder „Rettungssanitäterin" Voraussetzung sein:

1. Teilnahme an einer zweijährigen Lehrgangsausbildung an einer staatlich anerkannten Schule für Rettungssanitäter, zu der Bewerber Zugang haben, die das 17. Lebensjahr vollendet haben, eine abgeschlossene Volksschulbildung, einen Hauptschulabschluß oder eine andere gleichwertige Schulbildung besitzen und für den Beruf körperlich geeignet sind,
2. Bestehen der staatlichen Prüfung,
3. Zuverlässigkeit zur Ausübung des Berufs und
4. geistige und körperliche Eignung zur Ausübung des Berufs.

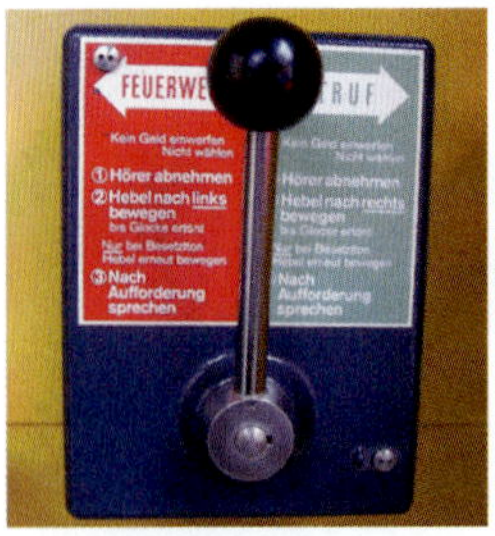

Abb. 5 Notrufsystem 73: Hebel nach links: Feuerwehr. Hebel nach rechts: Notruf (Polizei).

Prof. Otto Kummert, Murchin

Abb. 6 Der Rat für gegenseitige Wirtschaftshilfe kümmerte sich auch um die Notfallmedizin.

Abb. 7 Fahrzeug der Schnellen Medizinischen Hilfe

DRK

durch erreicht werden. Es wurden keine Telefongebühren berechnet, im Gegensatz zum normalen Telefonnetz. Der Anrufer konnte über eine Fangschaltung rückverfolgt werden und es gab eine erhöhte Sicherheit gegen Manipulation. Zusätzlich gaben die Notrufmelder eine Standorterkennung an, welche in der Notrufabfragestelle angezeigt wurde. Auch für kleinere Orte, die keinen eigenen Notrufdienst besaßen, wurde eine Fremdanschaltung an ein anderes Ortsnetz installiert. Nach dem Auflegen wurde die Verbindung von der Abfragestelle wieder freigeschaltet. Das funktionierte auch dann, wenn nicht aufgelegt wurde. Die neuen Notrufmelder wurden als Zusatzeinrichtung zu Münzfernsprechern installiert. Sie waren sehr robust gebaut und es war keine Stromversorgung erforderlich, da das Ziehen des Hebels ein Uhrwerk aufzog. Dadurch wurden beim Ablaufen Ziffern der Notrufnummer und die Standorterkennung gewählt. Bei Bedarf konnte der Anrufer durch Verfolgung der Verbindung ermittelt werden (sog. Fangschaltung). Die Abfragestelle führte die Verbindungsauslösung durch. Bei Nichtauslösung wurde sie „gefangen" gehalten.

Doch es gab auch Einschränkungen: Nur eine Notrufabfragestelle pro Ortsnetz konnte die Notrufnummer erhalten, der zweite Notruf erhielt einen Belegt-Ton. Notrufe mussten auch in das nächste Ortsnetz weitergeleitet werden, da es in kleineren Orten nicht immer Dienststellen der Feuerwehr und Polizei mit Notrufabfragestelle gab. 1976 wurde in der DDR zusätzlich zu 110/112 die „Schnelle Medizinische Hilfe" unter der landesweit einheitlichen Notrufnummer 115 hinzugefügt.

Notfallrettung in der DDR [3,4,5,6]

1974: Budapester Notfalldefinition

Im Jahr 1974 wurde von der Konferenz der Gesundheitsminister der RGW-Staaten die standardisierte Definition des „medizinischen Notfalls" und erste Richtlinien der Notfallmedizin beschlossen und veröffentlicht. Die Abkürzung RGW stand für den „Rat für gegenseitige Wirtschaftshilfe", der 1949 von der UdSSR, Polen, Rumänien, Bulgarien, Ungarn und der Tschechoslowakei als Antwort auf den amerikanischen Marshall-Plan gegründet worden war. Seit 1950 war auch die DDR Mitglied.

Durch die ersten Richtlinien der Notfallmedizin kam auch der Beschluss eines zentralen Rettungsdienstes. Die Umsetzungsversuche innerhalb der DDR war die Einführung der SMH (Schnelle Medizinische Hilfe) und der DMH (Dringliche Medizinische Hilfe). Die DDR war für damalige Verhältnisse überraschend gut strukturiert. Alle Notrufe konnten über die einheitliche Notrufnummer 115 abgesetzt werden. Die Organisation bestand aus einer Kooperation zwischen dem Deutschen Roten Kreuz und dem Ministerium für Gesundheitswesen. Gesundheits- und Sozialwesen waren dem jeweiligen Rat des Kreises oder Rat des Bezirks unterstellt.

1977: Weiterbildung für Ärzte

Einen Bedarf an Fort- und Weiterbildung stellte man erstmals 1977 fest. Hierzu erließ das Ministerium für Gesundheitswesen der DDR (MfGe DDR) eine Anweisung, die Ärzte dazu zu verpflichten, gewisse Themenkomplexe in einer Art Fortbildung abzuarbeiten, um sich für den Einsatz in der SMH zu qualifizieren.

1979: Anweisung des Gesundheitsministeriums

Nachdem das System der SMH zunächst nur bedingt verbreitet war, erteilte das Gesundheitsministerium 1979 die Anweisung, dass jeder Bürger der DDR zu jeder beliebigen Zeit an jedem beliebigen Ort schnelle medizinische Hilfe erhalten müsse. Daraufhin wurde das System der SMH, welches vor allem in ländlichen Regionen schlecht ausgebaut war, über die gesamte Republik ausgedehnt. Der Rettungswagen Barkas B1000 galt als das Non-

plusultra der damaligen Notfallrettung. Betrieben durch DRK und Feuerwehr war er über Jahre hinweg das führende Fahrzeug in der Schnellen Medizinischen Hilfe.
Die Ausstattung der jeweiligen Fahrzeuge war auf ein Minimum ausgerichtet, ohne die Ausstattung in normativen Grundlagen festzulegen. Zur Ausstattung eines damals sehr gut bestückten Rettungswagens gehörten beispielsweise ein Sanitätskasten, zwei Kramerschienen, eine Nierenschale, ein Wasserkanister für abgekochtes Wasser sowie zwei Paar Gummihandschuhe. Zusätzlich gab es zwei Mundbeatmungsgeräte, ein Inhalationsgerät, zwei 2-Liter-Sauerstoffflaschen, die Trage, einen Tragestuhl, vier Decken, zwei Laken, ein Bergebrett, einen Handscheinwerfer und ein Lederriemengestell zur Fixierung von Geisteskranken.

1989: Rettung durch Organisationen

Mit dem Mauerfall und dem Ende der DDR wurden sowohl die Schnelle Medizinische Hilfe (SMH) als auch die Dringliche Medizinische Hilfe (DMH) aufgelöst. Seither erfolgte die Notfallrettung durch diverse Organisationen im Auftrag der Gemeinden, Städte und Landkreise.

DRK

Abb. 8 Der Barkas B1000

Quellen

[1] https://www.steiger-stiftung.de
[2] http://dipbt.bundestag.de
[3] https://www.thieme-connect.com/products/ejournals/abstract/10.1055/s-0033-1361981
[4] https://www.mdr.de/zeitreise/stoebern/damals/gesundheit248.html
[5] http://drk-ddr.de/page.php?v=2010100
[6] https://www.hdg.de/lemo/kapitel/geteiltes-deutschland-gruenderjahre/weg-nach-osten/rat-fuer-gegenseitige-wirtschaftshilfe.html

Die Autorinnen und Autoren

Lorena Angerer,
Jahrgang 1999,
Auszubildende zur Notfallsanitäterin beim ASB Heilbronn, Rettungssanitäterin

Andre Kern,
Jahrgang 1996,
Auszubildender zum Notfallsanitäter beim ASB Heilbronn, Rettungssanitäter

Selina Theiss,
Jahrgang 1997,
Auszubildende zur Notfallsanitäterin beim ASB Heilbronn, Rettungssanitäterin, Medizinische Fachangestellte

Markus Wucher,
Jahrgang 1989,
Auszubildender zum Notfallsanitäter beim ASB Ulm, Rettungssanitäter, technischer Zeichner

Adrian Zechmeister,
Jahrgang 1995,
Auszubildender zum Notfallsanitäter beim ASB Orsenhausen, Rettungssanitäter

Tobias Blank, Schwerin

Geschichte des Rettungsdienstes: 1990 bis heute

Schlüsselwörter
Rettungsassistentengesetz (RettassG)
Notfallsanitätergesetz (NotSanG)
Heilpraktikergesetz (HeilprG)
Ärztlicher Leiter RD
DIN-EN-Norm
Notfallnummer
DBRD e. V.

Zusammenfassung: *Seit dem Jahr 1990 hat sich der Rettungsdienst in Deutschland zunehmend weiterentwickelt. Um die Qualität des Rettungsdienstes und seine Leistungen zu verbessern, wurde nicht nur ein neuer Ausbildungsberuf für die Notfallrettung eingeführt; auch die zur Verfügung stehenden Ressourcen und Arbeitsmaterialen erhielten ein Upgrade. Darüber hinaus wurden neue Normen etabliert.*
Innerhalb des Rettungsdienstes wurden durch Berufsverbände auf Studien basierende Leitlinien und Fortbildungen erarbeitet. Diese sollen die präklinische Versorgung von Notfallpatienten zusätzlich verbessern und die Kompetenzen des Rettungsdienstpersonals festigen.

Die berufliche Entwicklung im Rettungsdienst

Rettungsassistentengesetz (1989)

Durch das 1989 verabschiedete Rettungsassistentengesetz etablierte sich die erste berufliche Ausbildung im Rettungsdienst. Vor der Ausbildung zum Rettungsassistenten (RettAss) gab es im Rettungsdienst lediglich die Qualifikation zum Rettungssanitäter (RettSan), die damals durch jeweils 160 Stunden Theorie, Klinikpraktikum und einem Praktikum auf einer Rettungswache erlangt werden konnte. Der Rettungsassistent sollte als „Assistent des Arztes“ tätig werden und diesen während des Notfallgeschehens unterstützen. Die Ausbildung zum RettAss war in einen theoretischen und einen praktischen Teil gegliedert. Der theoretische Teil beinhaltete 1200 Stunden an einer staatlich anerkannten Rettungsassistentenschule. Anschließend musste ein 1600 Stunden langer Praxiseinsatz auf einer Rettungswache geleistet werden. Zum Abschluss erfolgte ein Abschlussgespräch.

Die Etablierung der Ausbildung zum RettAss verhalf vielen hauptamtlichen Mitarbeitern zu einer höheren beruflichen Stellung [1]. Wer zuvor nur die Qualifikation zum RettSan hatte und aus gesundheitlichen Gründen seine Tätigkeit im Rettungsdienst niederlegen musste, wurde rechtlich nur als „angelernter Arbeiter" betrachtet. Die Idee, erstmalig eine Ausbildung für den Rettungsdienst zu schaffen, traf auf breite Zustimmung – an der Umsetzung haderte es allerdings.

So musste die Ausbildung vom Auszubildenden selbst finanziert werden. Dies stellte zwar ein lukratives Geschäft für die Rettungsassistentenschulen dar, trug aber gleichzeitig dazu bei, dass ein (zu) großes Angebot an Ausbildungsplätzen geschaffen wurde und bald schon ein „Rettungsassistentenüberschuss" auf den Arbeitsmarkt drängte. Dies hatte zur Folge, dass viele RettAss auf KTWs statt in der Notfallrettung eingesetzt wurden und RTWs oftmals sogar mit zwei RettAss besetzt waren. Durch das Überangebot an ausgebildeten Rettungsassistenten hielt sich der Lohnspiegel verhältnismäßig niedrig.

Der Wunsch nach einer neuen Ausbildung im Rettungsdienst, die das Bild eines kompetenten und qualifizierten Sanitäters vermitteln und für eine entsprechende Anerkennung in der Gesellschaft sorgen sollte, wurde zunehmend spürbar. Diverse Arbeitsgruppen setzten sich zusammen und entwarfen ein Konzept für die neue Ausbildung. Diese sollte nicht nur rein medizinisches Fachwissen vermitteln, sondern auch erstmals im Bereich Sozialkompetenz ausbilden.

Notfallsanitätergesetz (2014)

Am 01.01.2014 war es dann schließlich soweit und das Notfallsanitätergesetz (NotSanG) trat in Kraft. Die Ausbildung zum NotSan dauerte nun im Vergleich zum RettAss nicht zwei, sondern drei Jahre und war dadurch erstmals national und international vergleichbar mit anderen medizinischen Ausbildungen. Ein weiterer großer Fortschritt lag darin, dass die Auszubildenden kein Schulgeld mehr zahlen mussten, sondern nun sogar eine Ausbildungsvergütung erhielten. Ziel des neuen Ausbildungskonzepts war eine bessere Verzahnung von Theorie und Praxis. So sollte dem Notfallsanitäter in seiner Ausbildung nicht nur die fachliche Kompetenz vermittelt werden, sondern auch die persönliche soziale und methodische Kompetenz. Im Rahmen der 4.600 Ausbildungsstunden waren ab sofort 1.920 Stunden für den theoretischen Teil eingeplant, 1.960 Stunden für den praktischen Anteil auf einer Lehrrettungswache und weitere 720 Stunden für einen praktischen Teil in einer Klinik vorgesehen, in der die Auszubildenden verschiedene Versorgungsbereiche besser kennenlernen sollen.

Hans-Werner Spieß, Neu-Ulm

Nach der Einführung des NotSanG wurde beschlossen, dass RettAss langfristig komplett durch Notfallsanitäter ersetzt werden sollten und die Qualifikation eines Rettungsassistenten nicht mehr für die Hauptverantwortlichkeit auf dem RTW ausreiche. Bereits ausgebildete RettAss sollten ursprünglich bis zum 31.12.2020 ihre Ergänzungsprüfung zum NotSan absolvieren. Diese Übergangsvorschrift wurde nicht nur aufgrund bestehendem Personalmangel im Rettungsdienst, sondern auch wegen fehlender Schulplätze und Prüfungs- sowie Lehrpersonal an den Schulen bis zum 31.12.2023 verlängert.

Damit ein RettAss an der Ergänzungsprüfung teilnehmen darf, müssen definierte Voraussetzungen erfüllt sein. Ein RettAss, der mindestens fünf Jahre in seinem Beruf tätig war, kann direkt zur Prüfung zugelassen werden. Mit einer Berufserfahrung zwischen drei und fünf Jahren muss zur Vorbereitung auf die Prüfung eine weitere Ausbildung von 480 Stunden (aufgeteilt auf Theorie, Rettungswache, Klinik) absolviert werden. Kann der RettAss nur einen Tätigkeitsnachweis von weniger als drei Jahren vorweisen, muss dieser zur Vorbereitung auf die Ergänzungsprüfung an einer weiteren Ausbildung von 960 Stunden teilnehmen. Des Weiteren wird über die Tätigkeitsdauer im Rettungsdienst auch der Prüfungsumfang angepasst. So müssen alle RettAss, die weniger als fünf Jahre im Rettungsdienst tätig sind, eine sogenannte Vollprüfung ablegen, die einen schriftlichen, mündlichen und praktischen Teil beinhaltet.

Trotz der Einführung eines neuen Berufsbildes im Rettungsdienst hat sich bei der Rechtssicherheit für die Mitarbeiter des Rettungsdienstes bis heute nicht viel getan.

Problematik: Heilkundegesetz und NotSanG

Das Heilpraktiker-Gesetz von 1939 fasst die Gesetze über die berufsmäßige Ausübung der Heilkunde ohne Bestallung zusammen. Die Bezeichnung „ohne Bestallung" bedeutet in der Umgangssprache „ohne Approbation", also nichtärztliches Personal [2]. § 1 HeilprG besagt, dass eine Person, die keine Approbation hat, zum Ausüben der Heilkunde eine Erlaubnis braucht. Nach § 2 HeilprG gehört zur Ausübung der Heilkunde im Sinne des Gesetzes jede berufs- oder gewerbsmäßig vorgenommene Tätigkeit zur Feststellung, Heilung oder Linderung von Krankheiten, Leiden oder Körperschäden bei Menschen. Dieses Gesetz steht daher in völligem Widerspruch zum im NotSanG festgehaltenen Ausbildungsziel [3]. Denn nach § 4 des NotSanG soll ein Notfallsanitäter den Gesundheitszustand von erkrankten und verletzten Personen eruieren können und eigenständig entscheiden, ob die Notwendigkeit besteht, weiteres rettungsdienstliches Personal (weitere Rettungsmittel, Notarzt, ...) nachzufordern. Des Weiteren soll ein NotSan im Notfalleinsatz medizinische Maßnahmen der Erstversorgung bei Patientinnen und Patienten durchführen und in der Ausbildung erlernte und beherrschte, auch invasive Maßnahmen anwenden, um einer Verschlechterung der Situation der Patientinnen und Patienten bis zum Eintreffen der Notärztin oder des Notarztes oder bis zum Beginn einer weiteren ärztlichen Versorgung vorzubeugen, wenn ein lebensgefährlicher Zustand vorliegt oder wesentliche Folgeschäden zu erwarten sind.
Viele Notfallsanitäter wünschen sich mehr Entscheidungs- und Handlungsspielraum und vor allem Rechtssicherheit. Diese Problematik wird zunehmend wahrgenommen und eine Änderung des Gesetzes ist nach dem Widerrufen der ursprünglichen Ablehnung erneut Thema der Bundesregierung.

Professionalität und Qualität im Rettungsdienst – einige Entwicklungen der jüngsten Zeit

Professionalität und Qualität im Rettungsdienst hielten spätestens seit Beginn der 1990er-Jahre bis heute zunehmend Einzug in unser System. Seit dieser Zeit ist nachweisbar, dass der Rettungsdienst qualitativ einen großen Sprung nach vorne gemacht hat. Die Entwicklung des Rettungsdienstes ist ein fortlaufender Prozess, welcher durch verschiedene Aspekte geprägt wird. So tragen nicht nur notfallmedizinische, sondern auch pädagogische, soziokulturelle und berufspolitische Aspekte zur Weiterentwicklung bei.

Ärztliche Leiter Rettungsdienst

Ab 1990 wurden die ersten „Ärztlichen Leiter Rettungsdienst" (ÄLRD) eingeführt. Diese Position dient als eine Art „Supervisor" im Rettungsdienst. Der ÄLRD soll nicht nur zur Sicherung des Qualitätsmanagements beitragen, sondern übernimmt auch administrative Tätigkeiten wie z.B. die Kontrolle der Fortbildungen für Rettungsdienstmitarbeiter.
1994 wurden bundesweit, bis auf wenige Ausnahmen, die Aufgaben und Zuständigkeiten der Ärztlichen Leiter Rettungsdienst standardisiert.

Psychosozialhilfe

In dieser Zeit wurde auch für die Mitarbeiter des Rettungsdienstes zunehmend die Psychosozialhilfe zugänglich gemacht, um traumatische Erlebnisse im Einsatz besser verarbeiten zu können [6].

Notärzte

1992 wurde erstmals eine Hilfsfrist für Notärzte in Hessen eingeführt, die bis dahin nur für Rettungswagen gültig war. Die Hilfe durch Rettungswagen oder Notärzte muss also innerhalb einer definierten Zeit ab Eingang des Notrufes bei der Rettungsleitstelle eintreffen.
Der Fachkundenachweis für Notärzte wurde ebenfalls durchgesetzt, was einen weiteren Fortschritt für die Patientenversorgung darstellt.

DIN-EN-Normen

Eine Überarbeitung der DIN-EN-Normen für Kranken- und Rettungswagen erfolgte 1999. Besser bekannt ist sie unter dem Namen DIN EN 1789, sie löste die DIN 75080 ab. Sie ermöglichte eine deutschland- und europaweite Angleichung der Fahrzeugnormen. In dieser Norm werden u.a. Abmessungen, Ausstattung und Ausrüstung der verschiedenen Fahrzeugtypen definiert, die für die Behandlung und den Transport von Patienten vorgesehen sind. Zusätzlich legt sie allgemeine

Anforderungen an Medizinprodukte, Konstruktionen, Prüfmethoden, Betriebsverhalten und Ausrüstung fest.

Nach der neuen Norm werden die Fahrzeuge, die zunächst alle als Krankenkraftwagen bezeichnet sind, in vier verschiedene Fahrzeugtypen unterteilt:

- *A1 – Patient Transport Ambulance*
  Ein KTW für den Transport eines einzelnen Patienten. Dies sind meist KTWs in „Hoch-Lang“-Ausführung, die in Deutschland heutzutage nicht mehr üblich sind. Die medizinische Ausstattung beschränkt sich auf eine Trage, einen Tragestuhl, ein Tragetuch, eine manuelle Absaugpumpe, einen Feuerlöscher, Verbandmaterial, eine tragbare Sauerstofftasche, Infusionshalterungen und ein festes Funkgerät.
- *A2 – Patient Transport Ambulance*
  Ein KTW für den Transport von bis zu zwei Patienten. Bestandteil sind mindestens ein Tragestuhl und eine Trage. In Deutschland wird in der Regel dieser Fahrzeugtyp eingesetzt. Der Patientenraum ist größer als beim Typ A1. Zusätzlich muss ein Defibrillator und ein Beatmungsbeutel vorgehalten werden.
- *B – Emergency Ambulance*
  In Deutschland eher bekannt als Notfall-KTW. Es handelt sich um ein Fahrzeug mit Ausstattung für die Erstversorgung und die Überwachung eines Patienten während des Transports. Zusätzlich werden eine Vakuummatratze, eine Schaufeltrage, Schienungsmaterial, eine im Fahrzeug eingebaute Sauerstoffflasche, ein EKG sowie Diagnostikmittel, wie z.B. ein Pulsoxymeter und eine Blutdruckmanschette, im Fahrzeug vorgehalten.
- *C – Mobile Intensive Care Unit*
  Hier wird die Ausstattung für Rettungswagen und Notarztwagen geregelt. Als weitere Ausstattung ist neben den oben genannten Materialien unter anderem ein automatisches Beatmungsgerät, ein externer Herzschrittmacher, eine Spritzenpumpe, Medikamente usw. vorgeschrieben.

Für Notarzteinsatzfahrzeuge gilt die DIN EN 75079. Für Intensivtransportwagen gilt die DIN EN 75076: 2012 [4].
Die DIN-Normen für Rettungshubschrauber sind unter anderem die DIN EN 13230-10, DIN EN 13718-1 und DIN EN 13718-2

Tab. 1 Vereinfachte Darstellung einer Anforderungstabelle an Fahrzeuge im Krankentransport und Rettungsdienst nach DIN EN 1789 [9]

MEDIZINPRODUKT	**KRANKENWAGENTYP**			
	A1	**A2**	**B**	**C**
Haupttrage/Fahrgestell	1	1	1	1
Schaufeltrage	–	–	1	1
Vakuum-Matratze	–	–	1	1
Gerät zur Beförderung eines sitzenden Patienten (sofern nicht die Haupttrage diese Funktion erfüllt)	1	1	1	x
Tragetuch oder Tragematratze	1	1	1	1
Langes Wirbelsäulenbrett mit Kopfruhigstellung und Sicherungsgurten	–	–	x	x

Zahl = Anzahl, welche vorhanden sein muss; – = muss nicht vorhanden sein; x = hiervon kann in Abhängigkeit von regionalen Erfordernissen abgewichen werden

Technische Fortschritte

Eine große Erleichterung für die integrierte Leitstelle und das behandelnde Personal erfolgte 2004, als das „Rescue Track“-System der Fa. Convexis eingeführt wurde. Dabei handelt es sich um einen Bordcomputer, der es ermöglicht, Informationen über den laufenden Einsatz digital zu versenden. Somit erhält die Besatzung alle wichtigen Details zum Einsatz, und der Sprechfunk kann deutlich entlastet werden. Gleichzeitig reduziert es Missverständnisse, die durch etwaige Funkstörungen oder ähnlichem entstehen können. Mittlerweile ist das System bundesweit verbreitet [10].

2011 wurde das erste Stroke-Einsatz-Mobil (STEMO) eingeführt. Dieses wurde von der Berliner Charité und der Berliner Feuerwehr gemeinsam entwickelt und entspricht im Prinzip einem Notarztwagen mit eigenem CT und Labor zur Behandlung von Schlaganfällen. Im Jahr darauf wurde die DIN-Norm für Intensivtransportwagen veranlasst, um auch in diesem Bereich der Notfallrettung einen grundlegenden Standard zu etablieren [7].

Notfallnummern 116117

2012 wurde der Bevölkerung eine neue Notfallnummer zur Verfügung gestellt, die „116117“. Diese Nummer verbindet den Bürger mit dem ärztlichen Notdienst, der vereinfacht gesagt den fahrenden Hausarzt ersetzt. Somit ist er für dringliche, aber nicht akut lebensgefährliche medizinische Fälle zuständig. Durch diese Möglichkeit sollte der Rettungsdienst entlastet werden [5]. Aus den Qualitätsberichten der SQR-BW lässt sich schließen,

colourbox.com

dass die Einsatzzahlen in Baden-Württemberg, insbesondere die der Rettungswagen, stetig angestiegen waren – von 2012 auf 2013 z. B. um 3 % [12].

Qualitätssicherung

Im Jahr 2011 wurde vom Landesausschuss Rettungsdienst Baden-Württemberg beschlossen, eine Stelle einzurichten, die landesweit mit der Qualitätssicherung beauftragt ist: die SQR-BW.
Mithilfe von „Nida-Pads“, auf denen der Einsatz dokumentiert wird, kann eine landesweite Überwachung der Patientenversorgung gewährleistet werden. Auch wird eng mit den Informationen und Daten der zugehörigen Leitstellen gearbeitet. Personenbezogene Daten werden dabei jedoch nicht ermittelt.
Der erste Qualitätsbericht auf der Grundlage dieser Daten wurde 2012 veröffentlicht und von diesem Zeitpunkt aus regelmäßig jährlich herausgegeben [12].

NotSanG und Handlungsempfehlungen

Das Jahr 2014 gilt sicher als einer der größten Meilensteine im Rettungswesen. Mit Inkrafttreten des Notfallsanitätergesetzes wurde erstmals in der Geschichte der BRD eine dreijährige Berufsausbildung mit abschließendem Staatsexamen in der Notfallrettung geschaffen. Darüber hinaus wurde eine Handlungsempfehlung vom Sozialministerium Baden-Württemberg für die Ausbildung und Prüfung von Notfallsanitätern freigegeben. Sie soll Notfallsanitätern in der Ausbildung und Prüfung eine Hilfestellung sein, wie das entsprechende Krankheitsbild zu behandeln ist. Andere Bundesländer, wie z.B. Hessen, handhaben dies ähnlich und geben ebenfalls Handlungsempfehlungen bzw. Algorithmen heraus [13]. Die regelhafte Ausbildung wird allerdings über das Notfallsanitätergesetz geregelt.

> Im Gegensatz zu den Leitlinien des DBRD wird die Handlungsempfehlung nicht jährlich aktualisiert. Die letzte Überarbeitung erfolgte 2018. Auch sind die beschriebenen Notfälle in den Leitlinien des DBRD umfangreicher und genauer beschrieben, z. B. keine genaue Angabe der Dosierung von H1-Blockern bei Anaphylaxie in den Handlungsempfehlungen BW.

BVRD

1983 wurde der BVRD (Berufsverband für den Rettungsdienst) gegründet. Er vertritt die Interessen der haupt- und ehrenamtlich Beschäftigten im Rettungsdienst gegenüber dem Bundesgesundheitsministerium, dem Deutschen Bundestag sowie der Bundesärztekammer. Der BVRD äußerte sich bereits seit 1995 kritisch gegenüber dem RettAssG und half bei den Vorbereitungen zur Novellierung mit.
2006 gab es interne Schwierigkeiten, seitdem ist der BVRD immer mehr in den Hintergrund geraten und agiert nur noch sehr selten. Auch die offizielle Website ist nicht mehr erreichbar [11].

DBRD e. V. (Deutscher Berufsverband Rettungsdienst)

Am 21.11.2006 wurde in Hamburg der DBRD als Interessenvertretung des Rettungsdienstfachpersonals in Deutschland durch 27 angesehene Rettungsdienstexperten gegründet. Der Berufsverband strebt die Verbesserung der präklinischen Versorgung an, zentral sollen dabei Empfehlungen auf derzeit geltendem wissenschaftlichem Stand und aktuelle Leitlinien von Fachgesellschaften mit einbezogen werden. Des Weiteren engagiert sich der Verband berufspolitisch, setzt sich mit Fragestellungen aus allen Bereichen rund um Notfallmedizin und Rettungsdienst auseinander, arbeitet in Gremien mit und nimmt an Fachkongressen teil [8].
Die Verbesserung der Aus- und Fortbildung auf allen Gebieten des Rettungsdienstes und die Forderung nach klaren Kompetenzregelungen für das Personal sind weitere wesentliche Arbeitsinhalte. Der Sitz des DBRD ist in Lübeck. Um das Rettungsdienstpersonal fachlich zu stärken, gründete der DBRD eine Partnerschaft mit der *Swiss German Regional Faculty*. Diese ist momentan der Lizenzinhaber für das PHTLS (*Pre Hospital Trauma Life Support*)- und das AMLS (*Advanced Medical Life Support*)-Programm. Durch diese Partnerschaft konnte 2007 durch die DBRD-Akademie PHTLS Deutschland gegründet werden. Der Inaugurationskurs für PHTLS wurde Ende 2007 durchgeführt; ab 2008 erfolgten dann offene Providerkurse. Anfangs wurden pro Jahr zwei Provider-Kurse angeboten, in der Folge konnte die Anzahl der Kursangebote kontinuierlich

gesteigert werden. Ziel dieses Kurskonzeptes des PHTLS ist es, eine standardisierte präklinische Versorgung für Traumapatienten zu etablieren.

2010 konnte dann das nächste Kurskonzept angeboten werden, der AMLS-Kurs. Dieser ist das internistische Äquivalent zum PHTLS-Kurs. Die Lehrgänge werden weltweit anerkannt und nach erfolgreicher Absolvierung des Kurses erhält der Teilnehmer ein Zertifikat.

Das Kurssystem EPC zur strukturierten Herangehensweise und Versorgung pädiatrischer Notfallpatienten wurde 2015 etabliert und GEMS, das weltweit einzige international zertifizierte Kurssystem zur Beurteilung und Behandlung geriatrischer Notfallpatienten, im Jahr 2017. Darüber hinaus bietet die DBRD-Akademie Kurse in der taktischen Traumaversorgung (TECC, TCCC) an.

Mit dem Inkrafttreten des NotSanG wurde vom DBRD in Zusammenarbeit mit dem Bundesverband der Ärztlichen Leiter Rettungsdienst ein Maßnahmen- und Medikamentenkatalog als Grundlage und Mindestumfang für die Ausbildung zum Notfallsanitäter veröffentlicht.

Seit 2015 erscheinen jährlich Musteralgorithmen des DBRD auf Grundlage des Pyramidenprozesses in neuer Auflage, unter bestmöglicher Einbeziehung von aktuellen nationalen wie auch internationalen Leitlinien und Empfehlungen von Fachgesellschaften.

Bilder: DBRD

Quellen

[1] Dr. phil. Peter Poguntke: Das erste gesetzlich verankerte Berufsbild. In: Rettungsdienst, 2019

[2] Gesetz über den Beruf der Notfallsanitäterin und des Notfallsanitäters (Notfallsanitätergesetz – NotSanG) vom 22.05.2013. www.gesetze-im-internet.de/notsang/BJNR134810013.html (letzter Zugriff: 6.1.2021)

[3] Gesetz über die Ausübung der Heilkunde ohne Bestallung (Heilpraktikergesetz- HeilPrG); vom 17.02.1939. www.gesetze-im-internet.de/heilprg/BJNR002510939.html (letzter Zugriff: 6.1.2021)

[4] www.mefina-medical.de/ITW_DIN_Norm.html (letzter Zugriff: 6.1.2021)

[5] www.116117.de (letzter Zugriff: 6.1.2021)

[6] www.bbk.bund.de/DE/AufgabenundAusstattung/Krisenmanagement/PsychKM/Qualitaetssicherung/qualitaetssicherung_node.html (letzter Zugriff: 6.1.2021)

[7] www.berliner-feuerwehr.de/forschung/stroke-einsatz-mobil/ (letzter Zugriff: 6.1.2021)

[8] www.dbrd.de (letzter Zugriff: 6.1.2021)

[9] DIN EN 1789

[10] www.rescuetrack.de (letzter Zugriff: 6.1.2021)

[11] https://www.skverlag.de/rettungsdienst/meldung/newsartikel/bvrd-mehr-als-ein-image-schaden.html (letzter Zugriff: 6.1.2021)

[12] www.sqrbw.de (letzter Zugriff: 6.1.2021)

[13] https://rettungsdienstschule-gelnhausen.de/algorithmus/Algorithmen-Notfallversorgung-NotSan.pdf (letzter Zugriff: 6.1.2021)

Die Autorinnen und Autoren

Bianca Renschler,
Jahrgang 1996,
Rettungssanitäterin,
derzeit Auszubildende
zur Notfallsanitäterin
ASB Ludwigsburg

Emma Wallrapp,
Jahrgang 1999,
Rettungssanitäterin,
derzeit Auszubildende
zur Notfallsanitäterin
ASB Ludwigsburg

Nicki Lang,
Jahrgang 1999,
Rettungssanitäterin,
derzeit Auszubildende
zur Notfallsanitäterin
ASB Karlsruhe

Felix Postl,
Jahrgang 1998,
Rettungssanitäter,
derzeit Auszubildender
zum Notfallsanitäter
ASB Ludwigsburg

Josef Maier,
Jahrgang 1998,
Rettungssanitäter,
derzeit Auszubildender
zum Notfallsanitäter
ASB Ludwigsburg

Österreichisches Rotes Kreuz

Geschichte des Rettungsdienstes in Österreich

Schlüsselwörter:
Österreichisches Rotes Kreuz
Arbeiter-Samariter-Bund Österreichs
Wiener Berufsrettung
19. Jahrhundert
20. Jahrhundert

Zusammenfassung: *Nach dem verheerenden Brand des Wiener Ringtheaters (1881) kam es in Wien zur Gründung der Wiener Freiwilligen Rettungs-Gesellschaft. Ab etwa 1900 betätigte sich auch die Österreichische Gesellschaft vom Rothen Kreuze nebenbei im Rettungs- und Krankentransport, vermehrt aber erst nach dem Ersten Weltkrieg. 1927 wurde als Gegenpol zum „bürgerlichen" Roten Kreuz der Arbeiter-Samariter-Bund Österreich als sozialdemokratische Rettungsorganisation gegründet. Nach dem Zweiten Weltkrieg blieben die mehrgleisigen Strukturen erhalten, gestützt auf hauptberufliche und ehrenamtliche Mitarbeitende sowie Zivildiener. Erst mit dem Sanitätergesetz von 2002 wurde der Rettungsdienst als Berufsbild etabliert.*

Die Anfänge: von spontaner Hilfe zu festen Strukturen

Für Jahrhunderte existierte ein organisierter Rettungsdienst zur Erstversorgung von Kranken und Verletzten nur im militärischen Bereich. Bei der Vorbereitung von Kriegszügen wurden Sanitätseinheiten kurzfristig zusammengestellt und nach dem Ende des Krieges wieder aufgelöst. Dies ist auch einer der Gründe, warum es in den 1850er-Jahren, nach rund 40 Jahren ohne größere Kriege in Europa, um die Heeressanität besonders schlecht bestellt war. Dies zeigte sich sowohl im Krimkrieg (1853–1856) als auch bei der Schlacht von Solferino (1859). Der Anblick des chaotischen Abtransports der Verwundeten und das Fehlen ausreichend geschulten Hilfspersonals ermunterten den Genfer Geschäftsmann Henry Dunant, die Gründung einer freiwilligen Hilfsorganisation für die Verwundetenpflege zu initiieren. Wichtigste Grundsätze waren dabei die Neutralität und Freiwilligkeit der Hilfeleistung [1, 2, 3]. Das 1863 gegründete *Internationale*

Komitee vom Roten Kreuz konzentrierte sich aber in den folgenden Jahrzehnten weitgehend auf die Verwundeten im Krieg [4, 5].

Im heutigen Österreich, damals Teil der Doppelmonarchie Österreich-Ungarn, hatte diese Funktion zunächst der sogenannte *Patriotische Hilfsverein während der Kriegsdauer* inne, der ebenfalls jeweils für die Kriegsereignisse neu gegründet und dann wieder aufgelöst wurde. Erst nach der verheerenden Niederlage gegen Preußen in der Schlacht von Königgrätz (1866) wurde daraus eine dauerhafte Organisation, die sich immer mehr den Grundsätzen des Roten Kreuzes annäherte, bis es schließlich 1880 zur formellen Gründung der *Österreichischen Gesellschaft vom Rothen Kreuze* (seit 1970: *Österreichisches Rotes Kreuz*, ÖRK) kam [6].

Im zivilen Bereich übernahmen im 19. Jahrhundert noch lokale Feuerwehrverbände die Bergung und Erstversorgung von Verwundeten, konnten dabei aber wohl nur selten auf professionell geschultes Personal und Ärzte in ihren Reihen zählen. Das Sanitätsgesetz von 1870 regelte die Zuständigkeit der Gemeinden für das Rettungswesen. In Wien wurden daher die Sicherheitswachstuben mit Rettungskästen und teilweise auch Tragbetten ausgerüstet; Sanitätsdiener waren auf Bezirksebene für den Krankentransport zuständig.

Es bedurfte freilich einer Großkatastrophe, dass sich in Österreich erstmals ein eigener Rettungsdienst entwickelte: Am 8. Dezember 1881 brannte das Wiener Ringtheater; mindestens 384 Tote und zahlreiche Verletzte waren damals zu beklagen [7]. Als unmittelbare Reaktion wurde schon am Folgetag auf private Initiative die *Wiener Freiwillige Rettungs-Gesellschaft* gegründet. Ihr Ziel war es, „bei Wassergefahr und Feuernöthen, Unglücksfällen aller Art auf den Straßen, in Fabriken, auf Eisenbahnen" etc. Hilfe zu leisten [8]. Auch wenn sich unter den Gründungsmitgliedern der Gesellschaft auch der berühmte Chirurg Theodor Billroth befand, so rekrutierte sich der Großteil der Freiwilligen aus dem Kreis engagierter Laien, etwa Mitglieder freiwilliger Feuerwehren aus den umliegenden Vorortegemeinden (heute die Außenbezirke Wiens) sowie Ruderer- und Turnerklubs. Zur Verbesserung der Hilfeleistung organisierte die Gesellschaft Kurse für die Sanitäterausbildung und richtete 1897 eine erste Samariterschule ein [9, 10]. Für eine flächendeckende Versorgung der rasch wachsenden Stadt wurden mehrere fixe Sanitätsstationen in Wien installiert; dazu kamen temporäre Stationen für Großereignisse wie Freiluftausstellungen. Nach Wiener Vorbild entstanden in den 1890er-Jahren auch in anderen Städten der Österreichisch-Ungarischen Monarchie *Freiwillige Rettungsgesellschaften*, etwa in Prag, Krakau, Triest, Innsbruck und Budapest.

PRISMA ARCHIVO/Alamy Stock Foto

Abb. 1 Der Großbrand im Wiener Ringtheater 1881

Mit dem Bau der Stadtbahn in Wien (1900) wurde auch ein Eisenbahnambulanzwagen in Betrieb genommen, der mit Sanitätsmaterial ausgerüstet war und bis zu acht Personen liegend transportieren konnte. 1905 folgte das erste motorisierte Rettungsauto, doch dominierte bis zum Ersten Weltkrieg weiterhin der Transport mit Pferdekutschen [9].

Ab etwa 1900 engagierte sich auch die *Österreichische Gesellschaft vom Rothen Kreuze* vermehrt im Rettungs- und Krankentransport. In vielen Fällen wurden die Lokalkrankentransportkolonnen gemeinsam mit der örtlichen freiwilligen Feuerwehr unterhalten. Bis dahin hatte sich das Rote Kreuz fast ausschließlich auf die Heeressanität sowie die Unterstützung von Kriegsinvaliden bzw. Kriegswitwen und -waisen konzentriert. Diese Ausdehnung des Tätigkeitsfeldes wurde vor allem als „Training" für den militärischen Ernstfall angesehen und hatte daher bis zum Ersten Weltkrieg weitgehend Pilotcharakter. Im Schulungsbereich konnte sich das Rote Kreuz auf schon existierende Strukturen stützen:

Abb. 2 Tragbahren-Magazin der Zentralsanitätsstation der Wiener Freiwilligen Rettungs-Gesellschaft, Radetzkystr. 1, Wien (um 1906). [9]

Pflegerinnenheime zur Ausbildung von Sanitätsschwestern gab es in den größeren Städten schon seit der Jahrhundertwende, so etwa ab 1899 in Linz [11].

Nach dem Ersten Weltkrieg änderte sich jedoch die Lage für das Rote Kreuz in Österreich – aber auch in Deutschland – grundlegend: In den Friedensschlüssen von Versailles (Deutschland) und Saint-Germain (Österreich) wurde den Verlierermächten verboten, kriegsvorbereitende Maßnahmen zu treffen. Die Heeressanität bildete dabei eine Grauzone. Damit rückten die schon vor dem Krieg begonnenen Tätigkeiten im Rettungs- und Krankentransport deutlich mehr in den Fokus. Die dominierende Stellung des Roten Kreuzes auf diesem Gebiet ist aber eine Besonderheit der beiden Länder geblieben, wohingegen das Rote Kreuz in anderen Ländern deutlich stärker als international agierende Katastrophenhilfsorganisation wahrgenommen wird.

Mehrgleisige Strukturen: ein Spiegelbild der österreichischen Gesellschaft

Die Gesellschaft der ausgehenden Österreichisch-Ungarischen Monarchie und vor allem der Ersten Republik in der Zwischenkriegszeit war zutiefst gespalten. Je nach sozialer Herkunft und politischer Gesinnung war man entweder bürgerlich-konservativ oder deutschnational oder sozialdemokratisch eingestellt und sozialisiert. Dies manifestierte sich auch im Vereinswesen: Egal ob Vogelzüchterverein oder sozialer Hilfsverein, es gab sie jeweils getrennt für jedes Lager. Mit dem Ringen um die politische Vorherrschaft im Österreich der Zwischenkriegszeit – das „rote Wien“ gegen den konservativen christlich-sozialen Bund – verstärkten sich diese Gräben in der Gesellschaft noch; auch die allgemeine Krisenstimmung trug dazu bei. So verwundert es nicht, dass genau im Jahr 1927 – am Rande eines Bürgerkriegs und kurz vor dem Brand des Justizpalastes in Wien – der *Arbeiter-Samariter-Bund Österreichs* (ASBÖ) gegründet wurde [12]. Er bildete gleichsam ein sozialdemokratisches Gegengewicht gegenüber dem „bürgerlichen“ Roten Kreuz, auch erkennbar am gegengleichen Erkennungszeichen: ein weißes Kreuz auf rotem Grund mit dem eingeschriebenen „S“ für „Samariter-Bund“. Hinsichtlich der grundlegenden Strukturen, etwa was den hohen Stellenwert der Freiwilligenarbeit oder die Schulungen in Sanitätshilfe betraf, unterschieden sich das ÖRK und der ASBÖ nur in Details.

Die politischen Krisen der Zwischenkriegszeit führten schließlich zur baldigen Auflösung der bestehenden Rettungsdienste in Österreich: 1934, im Jahr des Bürgerkriegs, wurde der ASBÖ als Vorfeldorganisation der Sozialdemokratischen Partei Österreichs ebenso wie alle anderen Parteiorganisationen von der konservativ-diktatorischen Vaterländischen Front verboten. Als 1938 die nationalsozialistischen Truppen Adolf Hitlers in Österreich einmarschierten und Österreich als „Ostmark“ in das Deutsche Reich eingliederten, wurden auch die Rettungsorganisationen „gleichgeschaltet“. Das ÖRK wurde in das Deutsche Rote Kreuz (DRK) integriert und hörte als eigenständige nationale Organisation auf zu existieren. Auch die *Wiener Freiwillige Rettungs-Gesellschaft* wurde aufgelöst und von der Stadt Wien übernommen. Die Standorte, der Fuhrpark und das sanitätstechnische Material wurden 1940 in eine eigene Dienststelle Rettungs- und Krankenbeförderungsdienst überführt. Bei der „Schlacht um Wien“, der Eroberung der Stadt durch die Truppen der Roten Armee im März/April 1945, wurden insbesondere die Außenstationen und die Fahrzeuge fast völlig zerstört.

Ausdehnung der Tätigkeitsfelder und fortschreitende Koordination: die Entwicklungen 1945–2002

Mit dem Zusammenbruch der nationalsozialistischen Herrschaft im Dritten Reich und der Befreiung Österreichs durch die alliierten Mächte wurden auch die Rettungsorganisationen der Zwischenkriegszeit neu begründet, wenn auch auf unterschiedliche Weise: Das ÖRK konstituierte sich bereits 1945 wieder, während der ASBÖ erst zeitlich verzögert 1947/1948 wiederbegründet wurde. Freiwilligenarbeit nahm in beiden Organisationen weiterhin einen wesentlichen Stellenwert ein. Die Übernahme der *Wiener Freiwilligen Rettungs-Gesellschaft* durch die Gemeinde Wien blieb auch nach dem Krieg bestehen, wurde allerdings zur *Berufsrettung Wien* (Magistratsabteilung 70) umgestaltet.

Das Lagerdenken bzw. die Politisierung des Rettungswesens hatte auch einen Einfluss darauf, welche Rettungsorganisation sich wo etablieren konnte. Seit dem schon erwähnten Sanitätsgesetz von 1870 war der Rettungsdienst zur Gemeindesache geworden, wobei jeweils Landesgesetze dazu den Rahmen vorgaben. Bis heute sind die Gemeinden angehalten, zur Sicherung des Rettungs- und Krankentransportes privatrechtliche Verträge mit anerkannten Rettungsorganisationen abzuschließen, die dann im Auftrag der Gemeinde tätig werden. Welche Rettungsorganisationen anerkannt sind, bestimmt wiederum das Landesgesetz. Damit ergab sich schon in der Zwischenkriegszeit Konfliktpotenzial, das aber auch nach 1945 nicht an Brisanz verlor. Geplante Änderungen im Landesrettungsgesetz, die eine Machtverschiebung zur Folge hatten (bzw. gehabt hätten), waren daher emotional umkämpft, etwa 1987 in Oberösterreich, als der ASBÖ sogar für eine Großdemonstration mobilisierte. In den meisten Regionen setzte sich das ÖRK durch, wohingegen der ASBÖ sich vor allem in sozialdemokratisch regierten Städten wie Wien, St. Pölten oder Linz etablieren konnte, aber auch in Kleinstädten wie Wilhelmsburg (Niederösterreich) oder Bad Ischl (Oberösterreich) [12].

Die Bedürfnisse der Millionenstadt Wien waren und sind im Bereich des Rettungsdienstes andere als in den kleineren Städten oder am Land. Dies bedeutet auch, dass die Herausforderungen nur über einen Zusammenschluss zahlreicher Organisationen bewerkstelligt werden können. Dies zeigte sich insbesondere anlässlich des Wiener Donauinselfestes, einer Musik-Großveranstaltung bei freiem Eintritt mit insgesamt bis zu 3 Millionen Gästen an drei Tagen. 1989, bei der sechsten Ausgabe des Festivals, koordinierten sich der Wiener Zivilschutzverband, die Bundespolizeidirektion Wien, das Wiener Rote Kreuz, der Arbeiter-Samariter-Bund und die Österreichische Rettungshundebrigade und präsentierten ihre Arbeit auf der gemeinsamen Zivilschutzinsel. Mit der organisationsübergreifenden Durch-

WStLA, Presse- und Informationsdienst, FA1: 54105/5

Abb. 3 Rettungswägen der Wiener Berufsrettung (1954)

Samariterbund Österreich

Abb. 4 Konflikt um das Landesrettungsgesetz in Oberösterreich (1987) [12]

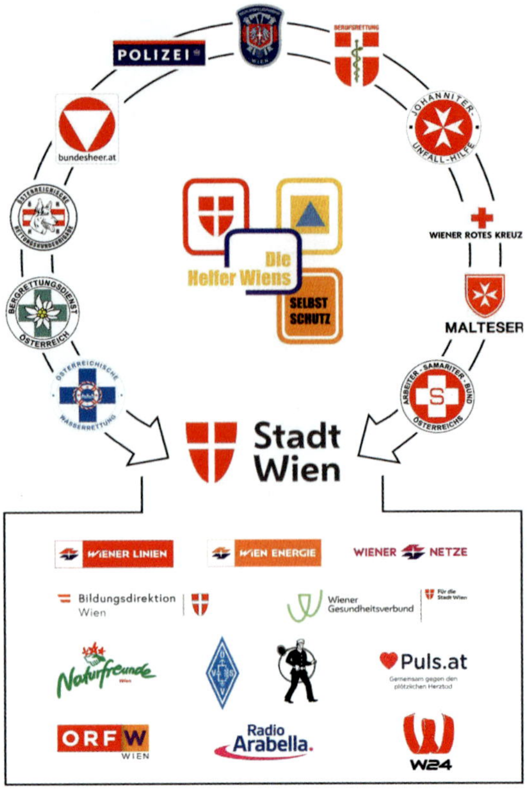

Abb. 5 Der „Wiener K-Kreis“ [13]

führung dieser Veranstaltung wurde der Grundstein zur Gründung des sogenannten „K-Kreises“ gelegt. Heute umfasst dieser Zusammenschluss aller Wiener Blaulicht- und Hilfsorganisationen sowie sämtlicher sicherheitsrelevanter Dienststellen der Stadt Wien insgesamt 40 Mitglieder, darunter auch die Berufsrettung Wien, sowie die Malteser und Johanniter [13]. Diese Kooperation in Wien zeigt sich auch im 1977 eingerichteten „Wiener Rettungsverbund“, dem von der Berufsrettung Wien koordinierten Rettungs- und Krankentransport mit einer zentralen, hochmodernen Leitstelle (eröffnet 2008). Neben der Berufsrettung Wien (12 Rettungsstationen) gehören dieser Rettungsgemeinschaft das Wiener Rote Kreuz (5), der Arbeiter-Samariter-Bund (6), die Johanniter-Unfall-Hilfe (2), der Malteser Hospital-Dienst (1), das Grüne Kreuz (1) und der Sozial Medizinische Dienst Österreich (1) an.

Seit 1975 ist in Österreich ein Wehrersatzdienst aus Gewissensgründen in Form des Zivildienstes möglich. War der Zugang zunächst noch durch eine individuelle Gewissensprüfung stark beschränkt, brachte die Novelle des Zivildienstgesetzes von 1991 zwar eine Verlängerung des Dienstes mit sich, doch entfiel die Gewissensprüfung zugunsten einer formellen Erklärung. Die Rettungsorganisationen in Österreich, insbesondere das ÖRK und der ASBÖ, gehören zu den wichtigsten Zivildienstträgern überhaupt; rund 40 Prozent der Zivildienstleistenden sind im Rettungsdienst eingesetzt. Für die Rettungsorganisationen bildete sich somit neben den hauptamtlichen und den ehrenamtlichen Mitarbeitenden nun eine dritte Säule, die zum einen die Kapazitäten im Rettungs- und Krankentransport massiv und relativ kostengünstig erhöhte, zum anderen auch viele Zivildiener für haupt- oder ehrenamtliche Tätigkeit gewinnen ließ.

Ein eigenes Berufsbild: das Sanitätergesetz (SanG) von 2002

Der hohe Anteil an ehrenamtlichen Mitarbeitenden sowie in der Folge auch an Zivildienern erhöhte zwar die Sichtbarkeit und Akzeptanz von ÖRK und ASBÖ in der Bevölkerung, war aber hinsichtlich der Ausbildung eines klaren Berufsbildes „Rettungssanitäter*in“ eher hinderlich. 1961 wurden im *Bundesgesetz über die Regelung des Krankenpflegefachdienstes, der medizinisch-technischen Dienste und der Sanitätshilfsdienste* zwar erste berufliche Regelungen für die Sanitätsgehilf*innen getroffen [15], doch blieben diese Bestimmungen schwammig, insbesondere hinsichtlich der Ausbildung und Weiterbildung. Ein längst überfälliges Sanitätergesetz wurde in den 1990er-Jahren durchaus kontroversiell diskutiert, da insbesondere die auf viel Ehrenamtlichkeit bauenden Rettungsorganisationen befürchteten, damit Mitglieder zu verlieren, wenn diese neben ihrem Berufsleben die zusätzlichen Schulungen nicht mehr leisten könnten.

Abb. 6 Zahl der Zivildienstleistenden im Rettungsdienst beim Österreichischen Roten Kreuz, Landesverband Oberösterreich, 1965–1995 [14]

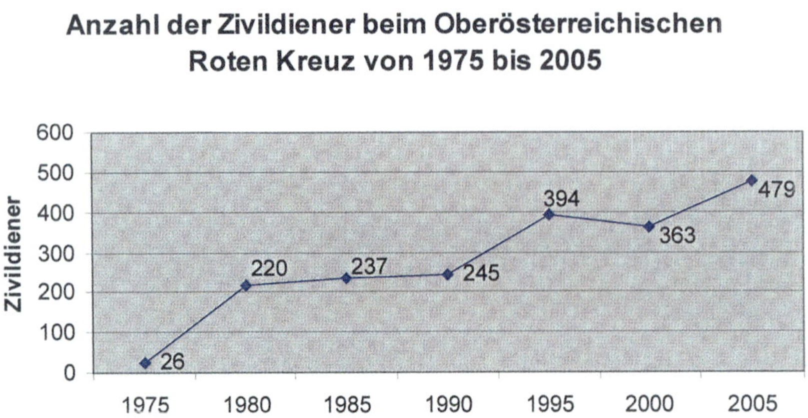

Schließlich trat 2002 das *Bundesgesetz über Ausbildung, Tätigkeiten und Beruf der Sanitäter* (kurz: Sanitätergesetz, SanG) in Kraft, das ein neues Ausbildungs- und Tätigkeitsbild für alle Sanitäter*innen bringen sollte [16]. Es wird seitdem kontinuierlich weiterentwickelt und hat bislang (Stand: Februar 2021) insgesamt zwölf Änderungen erfahren. Es unterscheidet zwischen Rettungssanitäter*innen im Krankentransport und Rettungsdienst und Notfallsanitäter*innen im qualifizierten Rettungsdienst und Notarztdienst. Analog dazu wird zwischen „allgemeinen Notfallkompetenzen" und „besonderen Notfallkompetenzen" unterschieden. Probleme sieht der Medizin- und Gesundheitsjurist Michael Halmich u. a. darin, dass es keinen differenzierten Einsatz der unterschiedlichen Sanitäter-Qualifikationsstufen auf den Rettungsmitteln gibt (ausgenommen in Wien), dass keine Weiterentwicklung im Berufs- bzw. Tätigkeitsbereich vorgesehen ist und dass keine Berufsdurchlässigkeiten zu anderen Gesundheitsberufen vorhanden sind [17].

Fazit

Der österreichische Rettungsdienst ist traditionell von einer historisch bedingten Mehrgleisigkeit geprägt; das Konkurrenzverhältnis hat sich erst in den letzten Jahrzehnten zu einem Miteinander entwickelt, wie das Beispiel der Hauptstadt Wien zeigt. Die hohe Bedeutung ehrenamtlicher Tätigkeit in den Rettungsorganisationen war für die Ausbildung eines klaren Berufsbildes mit gesetzlich definierten Standards lange Zeit eher hinderlich, machte aber auch die hohe Akzeptanz in der Bevölkerung aus. Das Sanitätergesetz von 2002 beschleunigte sicherlich die Professionalisierung des Rettungsdienstes, schließt aber Ehrenamtlichkeit und Zivildienst nicht aus.

Quellen

[1] Dunant H. Eine Erinnerung an Solferino. Wien: Österreichisches Rotes Kreuz, 1997 (Originalfassung: Un souvenir de Solferino. Genf: Jules-Guillaume Fick, 1862).

[2] Giampiccoli F, Ascheri-Dechering E. Henry Dunant: Der Gründer des Roten Kreuzes. Neukirchen-Vluyn: Aussaat, 2009

[3] Riesenberger D und G. Rotes Kreuz und weiße Fahne. Henry Dunant 1828-1910. Der Mensch hinter seinem Werk. Bremen: Donat, 2011.

[4] Riesenberger D. Für Humanität in Krieg und Frieden. Das Internationale Rote Kreuz 1863-1977. Göttingen: Vandenhoeck & Ruprecht, 1992.

[5] Khan D-E. Das Rote Kreuz. Geschichte einer humanitären Weltbewegung. München: C.H.Beck, 2013.

[6] Vilt W. Die Entwicklung der Österreichischen Gesellschaft vom Roten Kreuz von den Anfängen bis zur Gegenwart (ungedr. phil. Dissertation). Wien: Universität Wien, 1981.

[7] Patzer F, Koll E (Hrsg.). „Alles gerettet!" 100 Jahre Ringtheaterbrand. Ausstellung, Anfang Oktober 1981 bis Ende Jänner 1982 (Wechselausstellung der Wiener Stadt- und Landesbibliothek 194). Wien: Wiener Stadt- und Landesbibliothek, 1981.

[8] Wiener freiwillige Gesellschaft für Rettungswesen. In: Neue Freie Presse, 14.12.1881. S. 7.

[9] Festschrift der Wiener Freiwilligen Rettungs-Gesellschaft, herausgegeben anlässlich ihres 25jährigen Bestandes, 9. Dezember 1906. Wien: Verlag der Wiener Freiwilligen Rettungs-Gesellschaft, 1906.

[10] Machala R. 100 Jahre ärztlicher Rettungsdienst in Wien. Wien: Selbstverlag, [1981].

[11] Kolouch M. Das Oberösterreichische Rote Kreuz. Die Entwicklung seiner Organisation und seiner Aufgaben (1879-1945) sowie eine Analyse seiner Finanzen (1879-1918) anhand von betriebswirtschaftlichen Kennzahlen (ungedr. wirtschaftswiss. Diplomarbeit). Linz: Universität Linz, 1995.

[12] Wallnig T. Die Herausforderung Helfen. 80 Jahre Arbeiter-Samariter-Bund Österreichs (1927-2007). Im Spannungsfeld von Gesundheitswesen und Hilfskultur. Wien: echomedia, 2007.

[13] Die Helfer Wiens: Wiener K-Kreis, https://www.diehelferwiens.at/de/k-kreis/info (letzter Abruf: 03.02.2021).

[14] Hammerle P. Der Struktur- und Organisationswandel des Oberösterreichischen Roten Kreuzes von 1945 bis 2000 (ungedr. wirtschaftswiss. Diplomarbeit). Linz: Universität Linz, 2007.

[15] Bundesgesetz über die Regelung des Krankenpflegefachdienstes, der medizinisch-technischen Dienste und der Sanitätshilfsdienste (MTF-SHD-G). BGBl. Nr. 23/1961, 21.04.1961.

[16] Bundesgesetz über Ausbildung, Tätigkeiten und Beruf der Sanitäter (Sanitätergesetz – SanG). BGBl. I Nr. 30/2002, https://www.ris.bka.gv.at/GeltendeFassung.wxe?Abfrage=Bundesnormen&Gesetzesnummer=20001744 (letzter Abruf: 03.02.2021).

[17] Halmich M. Sanitätergesetz 2002. Überlegungen damals und was daraus wurde ..., Powerpoint-Präsentation 2016, https://docplayer.org/32409095-Sanitaetergesetz-2002-ueberlegungen-damals-und-was-daraus-wurde-michael-halmich.html (letzter Abruf: 03.02.2021).

Der Autor

Christian Rohr, Jahrgang 1967, Ordentlicher Professor für Umwelt- und Klimageschichte an der Universität Bern, seit 1997 ehrenamtliches Mitglied des ÖRK, seit 2000 Lehrbeauftragter des ÖRK Oberösterreich im Bereich Geschichte des Roten Kreuzes.

Kontakt: christian.rohr@hist.unibe.ch

Interessenkonflikt: Der Autor gibt an, dass keinerlei Interessenskonflikte bestehen.

Markus Mair (Fotograf)/Rotes Kreuz Innsbruck

Rettungsdienst in Österreich: Ein neues Jahrtausend

Schlüsselwörter:
Österreich
Sanitätergesetz
ÖBS
BVRD.at

Zusammenfassung: *Mit dem Sanitätergesetz von 2002 wurden die Bemühungen um eine klare Regelung zu Ausbildung und Tätigkeit des Rettungssanitäters von Erfolg gekrönt. Um die Professionalisierung des Rettungsdienstes voranzutreiben, kümmerte sich zunächst der ÖBS um die Etablierung internationaler Kursformate, später als BVRD.at auch um eine breite Vernetzung und um berufspolitische Angelegenheiten.*

Über 10 Jahre offensive Überzeugungsarbeit und Bewusstseinsbildung, u. a. in diversen Stellungnahmen, Zeitungsartikeln und ausführlichen Studien, gaben den Anstoß für die Verabschiedung des Sanitätergesetzes (SanG) durch das Österreichische Parlament am 13.12.2001. Auch wenn das darin geregelte Berufs- und Tätigkeitsbild des Sanitäters und eine einheitliche Ausbildung einen Meilenstein in der Entwicklung des Rettungswesens in Österreich markieren, so stellte der Umfang und die Art der vorgesehenen Ausbildung nur einen Kompromiss der involvierten Stakeholder dar. Mit dem darin festgelegten Ausbildungsstandard von 260 Stunden für Rettungssanitäter, die auch im Rettungsdienst zur Versorgung von Notfallpatienten eingesetzt werden können, bleibt der Schritt zur Professionalisierung und Durchlässigkeit zu anderen Gesundheitsberufen bis heute verwehrt.

2008: Gründung des ÖBS

Aus dem Bestreben heraus, das Ansehen der Sanitäter*innen in Österreich zu verbessern und ihnen den Zugang zu international anerkannten Weiterbildungsmöglichkeiten und Kursformaten zu gewähren, entstand 2008 eine organisationsübergreifende Plattform: Christoph Redelsteiner vom RK Wien, Hans-Peter Polzer vom RK Burgenland, Jürgen Grassl vom ASBÖ und Erwin Feichtelbauer von der Berufsrettung Wien gründeten den Verein

„Österreichischer Bundesverband für SanitäterInnen“ (ÖBS). Als Trägerplattform wurde er Lizenznehmer der von der amerikanischen NAEMT (*National Association of Emergency Medical Technicians*) angebotenen und laufend evaluierten und weiterentwickelten Kursformate.

Bereits im selben Jahr fand am 7./8.10.2008 der erste PHTLS-Kurs in Wien statt. Zweieinhalb Jahre später wurde das Kursformat AMLS mit einem DACH-Inaugurationskurs in München eingeführt (30./31.03.2011) – unvergesslich, weil während des Kurses ein Instruktor einen echten Herzinfarkt erlitt. Die Einführung des pädiatrischen Notfallkurses EPC folgte am 28./29.11.2015 in Wien. Auch die taktische Notfallmedizin fand schließlich mit der Inauguration des ersten TECC-Kurses am 24./25.05.2018 Einzug in Österreich. Dabei unterstützen bis heute bei Bedarf in allen Kursformaten tatkräftig auch Faculty-Kollegen der Nachbarländer die Kursangebote in Österreich und vice versa.

„Wir haben uns damals zusammengetan und über alle Grenzen der Organisationen hinweg Initiative ergriffen. Denn es war höchst an der Zeit die Dinge zu formulieren, die notwendig waren: zur Ausbildung, zur Dienstkleidung, zum Arbeitsplatz, zur Situation der Sanitäter allgemein. Es ging uns auch um die gegenseitige Stärkung und Unterstützung. Und ich sage ganz ehrlich: leicht war das damals nicht. Drum ist es umso wichtiger, dass wir dranbleiben. Damals wie heute brauchen wir die treibenden Kräfte, die über den Tellerrand blicken und gemeinsame Ideale vor trennende Ideologien stellen. Leicht ist das auch heute nicht. Den Gegenwind können sich viele, die motiviert und engagiert sind, einfach nicht leisten. Genau deshalb braucht es den BVRD.at.“

(Erwin Feichtelbauer, Gründungsmitglied ÖBS, Präsident BVRD.at)

BVRD.at

Abb. 1 Boardmeeting im April 2016 für den Relaunch als BVRD.at

2016: Relaunch als BVRD.at

Nach mehreren Etappen, Präsidenten, Struktur- und Namensänderungen des ÖBS erfolgte schließlich im Frühjahr 2016 der komplette Relaunch des gemeinnützigen Vereins mit neuem Auftritt als „Bundesverband Rettungsdienst“ (BVRD.at). Neue Gesichter und ein stets wachsendes, aktives Board schlugen damit ein neues Kapitel des Fachverbands auf. Als kleines Bundesland mit – gemessen an internationalen Entwicklungen – Aufholbedarf erkannte man dabei die Bedeutung des Austauschs, der Vernetzung und der Zusammenarbeit mit anderen Berufs- und Bundesverbänden, insbesondere mit dem benachbarten DBRD.

Neben dem Angebot der Kursformate rückten in den vergangenen Jahren zunehmend Themen rund um die Weiterentwicklung des Rettungswesens in Österreich in den Vordergrund. 2020 initiierte der BVRD.at den „Camillo Award“, eine Auszeichnung für Sanitäter*innen aller Organisationen in Österreich, die durch ihr Wirken zur Qualitätsentwicklung beitragen. Der BVRD.at etablierte sich zur Anlaufstelle für (berufs-)politische Fragestellungen rund um die Versorgung präklinischer Notfallpatienten und agiert heute als organisationsübergreifende Plattform für die Anliegen eines modernen, patientenorientierten Rettungswesens und als Stimme der Sanitäter*innen in der Öffentlichkeit.

BVRD.at

Die Autorin

Claudia Schwarz, freiwillige Rettungssanitäterin beim Roten Kreuz Linz (Nord), Erste-Hilfe-Lehrbeauftragte und Lehrsanitäterin, seit 2016 Schriftführerin des BVRD.at.

Interessenskonflikt: Die Autorin gibt an, dass kein Interessenkonflikt besteht.

Co-Autoren: Clemens Kaltenberger, Erwin Feichtelbauer

colourbox.com

Vorbilder in der Ausbildung zum Notfallsanitäter: eine Fragebogenstudie

Schlüsselwörter
Ausbildung
Berufswahl
Fachlehrer
Role Model
Vorbild

Zusammenfassung: *Der Rettungsdienst mit seiner Notfallsanitäterausbildung ist seit der Anpassung des NotSanG um eine Professionalisierung bemüht. Der Aspekt Professionalisierung bezieht sich dabei auf Qualität und Umsetzung der Notfallsanitäterausbildung an den Berufsfachschulen und auf die Abgrenzung zu anderen, verwandten Berufsbildern.*

In einer Fragebogenstudie unter Notfallsanitäterauszubildenden wurde die Rolle der Vorbilder im Rettungsdienst für die initiale und spätere Berufswahl untersucht. Bei der Auswertung stellte sich heraus, dass die Vorbildfunktion von Fachkräften aus dem Rettungsdienst am größten ist, insbesondere die der Praxisanleiter auf der Rettungswache. Ärzte und Lehrkräfte an den Berufsfachschulen werden eher selten als Vorbilder gesehen. Doch was macht aus einem Bekannten, einem Kollegen, einem Praxisanleiter ein Vorbild? Und wie können die Erkenntnisse aus der Studie dabei helfen, den Auszubildenden Orientierung auf ihrem beruflichen Weg zu bieten?

Ausgangssituation

Die Rolle und der Stellenwert von Vorbildern haben von der Wiege an für die sozial-kognitive Entwicklung des Menschen eine hohe Bedeutung [4]. Die geistige Entwicklung sowie die Selbstfindung können sich ohne Vorbilder nicht vollziehen. Jeder Mensch hat dazu Vorbilder: Individuen aus der eigenen Erfahrungswelt, welche Fähigkeiten und Attribute verkörpern, die als bewundernswert empfunden werden oder mit denen sich das heranwachsende Individuum identifizieren kann. Es geht um Personen, die Handlungen ausführen können, die man selbst gerne erreichen und beherrschen will, sodass man diese imitiert. Ein gewähltes Vorbild könnte eine Orientierung bei der Suche nach der zukünftigen beruflichen Identifikation und Haltung geben, sinnstiftend und orientierend wirken und helfen, eine entsprechende Lern- und Zielmotivation zu entwickeln. Dabei definieren Städeli et al. Haltungen als „die innere Einstellung eines Menschen, seine Werte und Normen" [18]. Hierbei subsummieren sie Eigenschaften wie „Verantwortungsbewusstsein, Einfühlungsvermögen, Toleranz und Interesse am Umfeld" (ebd.) zu einer persönlichen Ressource.

Das Untersuchungsvorhaben wurde aus dem täglichen Kontakt mit Schülerinnen und Schülern (im Folgenden „SuS" genannt) heraus entwickelt. So werden sowohl Praxisanleiter als auch Lehrende häufig mit der Frage konfrontiert, was diese Generation von jungen Menschen motiviert und woran sie sich ausrichten. Die Beantwortung dieser Frage könnte zur Identifikation von Maßnahmen oder Unterstützungsprozessen dienen, um positiv die Haltung und Orientierung der SuS zu unterstützen. Mit diesem Beitrag soll Aufschluss darüber gegeben werden, welche Vorbilder der Jugendlichen bei der Berufsorientierung zum Notfallsanitäter (NotSan) richtungsweisend sind sowie, an wem sich SuS während der Ausbildung zum NotSan an den drei Lernorten orientieren und welche Rolle sie für die Lernprozesse innerhalb der Notfallsanitäterausbildung einnehmen. Ebenfalls wird das Ziel verfolgt, genderspezifische Unterschiede zu identifizieren.

Der Beitrag zeigt damit auf, dass der Rettungsdienst mit der Notfallsanitäterausbildung und dem veränderten Berufsbild einen großen Schritt in die eigene Professionalisierung in Abgrenzung zu anderen Gesundheitsberufen und zu den Ärzten vollzieht. Dies zeigt sich zum einem an dem Ergebnis, dass 69,75 % der angegebenen Vorbilder die Qualifikation der Fachkraft (RettAss oder NotSan) aufweisen, und zum anderen, dass die Mediziner als „Role Model" mit lediglich 5,56 % eine eher unbedeutende Rolle spielen. Mit der Untersuchung kann auch der Befürchtung begegnet werden, dass viele Auszubildende zum Notfallsanitäter die berufliche Ausbildung lediglich als Sprungbrett in ein Medizinstudium nutzen.

Forschungsstand: Vorbilder beeinflussen das Lernen

Ganz allgemein kann der Vorbildbegriff als Synonym von Idol, Star, Held, Leitbild und Modell verwendet werden [6]. Aus pädagogischer Sicht können mit Kraul et al. [10] einerseits Vorbilder für den Erziehungs- und Entwicklungsprozess von Jugendlichen gefordert werden bzw. haben andererseits aus entwicklungspsychologischer Sicht Vorbilder einen maßgeblichen Einfluss auf das Lernen. Ein Vorbild muss dabei nicht allumfassend bewundert werden, sondern kann auch wegen einzelner Aspekte für einen bestimmten Zweck als Vorbild geeignet sein. Mit Mendl lässt sich ein relevantes Begriffsverständnis derart zusammenfassen, dass ein Vorbild

„eine Person [ist], die wegen ihrer besonderen Eigenschaften oder moralischen Handlungen zum persönlichen Leitbild erwählt wird. Sie dient zur Nachahmung und Identifikation. Die grundlegende Problematik bleibt: Große Persönlichkeiten erscheinen in ihrem lebensgeschichtlichen Gesamtentwurf unerreichbar – und das verhindert gerade orientierendes Lernen. Öffnet man aber den Geltungsbereich hin auf „kleine" Vorbilder im Nahbereich, so findet jede/r schnell entsprechende Personen, die in Lebensphasen als Leitbilder dienten: Eltern, GruppenleiterInnen, NachbarInnen, TrainerInnen etc." [11]

Für den Bereich des Rettungsdienstes war es erforderlich, Eigenschaften und Kompetenzen zu definieren, die ein Vorbild nachahmenswert machen. Dazu wurden die Dimensionen der Handlungskompetenz der Kultusministerkonferenz [9] gewählt. Ergänzt wurden Faktoren wie Beliebtheit, Verantwortungsbewusstsein sowie berufsbezogene Intelligenz und Fitness. Diese Merkmale bei Vorbildern, so kann angenommen werden, dienen Auszubildenden der Notfallsanitäterausbildung als Verhaltensorientierung, um das eigene Ich-Ideal als ein Lernen am Modell zu entwickeln. Vorbilder repräsentieren eine Projektion auf ein Ideal, welche der Nachahmung und Identifikation dienen und damit dem Handeln eine Richtung geben.

Dieses damit zugrunde gelegte Vorbildverständnis ist zunächst ein positives. Es folgt der Logik, „ich will so werden wie das Vorbild". Die Negation, d. h. „ich will gerade anders sein" wird an dieser Stelle als Negativ-Vorbild nicht berücksichtigt. Mit Nadels Studie „Imitation and imitation recognition" [15] wird da-

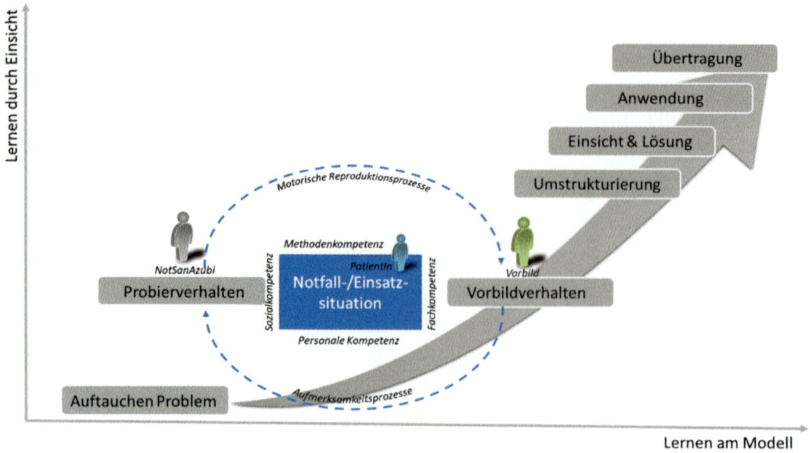

Abb. 1 Kompetenz-Performanz-Theorie der Kompetenzentwicklung in der NotSan-Ausbildung

mit der Annahme gefolgt, dass eine neue Handlung, Kompetenz oder Fähigkeit viel wahrscheinlicher von einem Vorbild imitiert wird, welches sich bereits zuvor als kompetent erwiesen hat, als von einem inkompetenten. In der Studie werden dazu zwei Funktionen der Imitation herausgestellt: Sie ermöglicht zum einem *kognitiv* das Lernen von neuem und ausgewähltem Verhalten und dient zum anderen *sozial* der Kommunikation und Interaktion. Diese Bedingungen lassen sich auf die Berufsausbildung zum NotSan an den drei Lernorten übertragen.
Lerntheoretisch lassen sich dafür zwei Zugänge identifizieren (➤ Abb. 1), die das Lernen eines Auszubildenden mit einem Vorbild im Rettungsdienst verbinden, wobei die präklinische Einsatz- bzw. Notsituation ein wichtiges Bestimmungs- und Verbindungsstück innerhalb einer Kompetenz-Performanz-Theorie rettungsdienstlichen Handelns ist. Zu nennen sind das „*Lernen durch Einsicht*" sowie „*Lernen am Modell*".

Beim „*Lernen durch Einsicht*" [3] nutzt das Individuum bereits vorhandenes Wissen durch Kognition und durchläuft sechs Phasen:
1. Auftauchen des Problems
2. Probierverhalten
3. Umstrukturierung
4. Einsicht und Lösung
5. Anwendung
6. Übertragung.

Bei Banduras (1965) Theorie „*Lernen am Modell*" [2] wird explizit davon ausgegangen, dass Individuen durch das Abschauen bei anderen lernen und das Beobachtete in einfachen oder komplexen kognitiven Prozessen verarbeiten und so ihr eigenes Modell generieren. Die Anwesenheit des Vorbilds ist nach der Beobachtung von geringfügiger Relevanz. In der Literatur finden sich auch Bezeichnungen wie Beobachtungslernen, Identifikationslernen, Imitationslernen, Nachahmungslernen, Rollenlernen, soziales Lernen oder stellvertretendes Lernen.
Das Vorbild zeichnet sich nach Gerrig & Zimbardo [7] durch bestimmte Persönlichkeitsmerkmale aus. Dazu können Ansehen, Sympathie und Attraktivität zählen, aber auch besondere für eine Handlungsfeld relevante Fähigkeiten, Fertigkeiten, Haltungen und Einstellungen. Das Schlüsselmoment ist, dass der Auszubildende das Gefühl hat, dass er bei seinem Vorbild durch Nachahmung und Imitation für sich selbst etwas lernt, d.h. einen Benefit bezüglich einer zu zeigenden Performanz erzielt. Die Perspektive ist dabei insofern als polyperspektivisch anzunehmen, als es nicht allein um objektive Faktoren geht, die ein Vorbild zu einem Vorbild machen. Vielmehr spielt der Lernende selbst mit entsprechenden Phänomenen wie der Übertragung und eigenen Projektionen eine maßgebliche Rolle. Als entscheidend kann der Reiz im Sinne einer Kompetenz-Performanz-Theorie angenommen werden, eine Einsatz- und Notfallsituation mit einem Patienten kompetent bewältigen zu können. Die Notfallsituation dient in der Ausbildung zum Notfallsanitäter als ein verbindendes Element beim Lernen durch Einsicht und beim Lernen am Modell.

Fragestellungen

Grundsätzlich wird entsprechend des gegenwärtigen Forschungsstandes in der Untersuchung davon ausgegangen, dass sich SuS vor und während ihrer Ausbildung zum NotSan an Vorbildern orientieren und diese eine lernfördernde/motivierende Wirkung haben. Mit der Fragebogenstudie wurde das Phänomen „Vorbild" im pädagogischen Kontext an den drei Lernorten durch eine erste Grundlagenforschung untersucht. Dazu wurden folgende Fragestellung verfolgt:
- Ist für die Jugendlichen in der Notfallsanitäterausbildung ein Vorbild von entscheidender Bedeutung für die Berufswahl?
- Orientieren sich die SuS ab Beginn der Berufsausbildung an neuen Vorbildern? Welchen Beruf bzw. Rolle haben diese innerhalb des Rettungsdienstes und Gesundheitswesens inne?

- Besteht ein Zusammenhang zwischen dem gewählten Vorbild und dem finalen Berufswunsch der SuS?
- Gibt es einen Unterschied der Vorbildwahl nach den drei Lernorten?

Stichprobe

Als Stichprobe wurden all diejenigen definiert, welche sich zum Zeitpunkt der Fragebogenstudie in der Notfallsanitäterausbildung befunden haben. In Relation zur Grundgesamtheit (v.a. Stichprobenumfang und soziodemographische Angaben) wurde eine repräsentative Stichprobe erreicht. Für die Online-Befragung war der Zeitraum vom 09.12.2019 bis 09.01.2020 (mit N = 630) angesetzt.
Die Stichprobe hatte schlussendlich ein N von 344 und repräsentierte 5,86 % der Grundgesamtheit aller zu diesem Zeitpunkt in der Ausbildung befindlichen NotSan [19]. Die Stichprobe repräsentiert das gesamte Bundesgebiet. Die Geschlechter[1] sind in vergleichbarer prozentualer Verteilung entsprechend der Gesamtheit vertreten. Es gibt eine dominierende Teilnahme aus den Bundesländern Baden-Württemberg (24,42 %) sowie Hessen (22,67 %). Zehn der Bundesländer sind mit einer Teilnehmerzahl von unter 5 % unterrepräsentiert, darunter Berlin, Brandenburg, Bremen, Hamburg, Mecklenburg-Vorpommern, Rheinland-Pfalz, Sachsen, Sachsen-Anhalt, Schleswig-Holstein und Thüringen. Das Alter der Teilnehmer liegt mit 76,45 % zwischen 19 und 24 Jahren. Zu je einem Drittel sind die Teilnehmer in den drei Schuljahren vertreten. Gerundet 73 % haben einen höheren Schulabschluss. Unter den Frauen ist der Anteil derjenigen mit einem höheren Schulabschluss mit 81,35 % deutlich größer als unter den Männern (67,31 %).

Darstellung der Ergebnisse: Fachlehrer und Ärzte als Vorbilder kaum bedeutsam

88,08 % nennen ein Vorbild im Umfeld ihrer Berufsausbildung (> Abb. 2). Für 53,47 % war ein Vorbild für die Berufsentscheidung relevant. Hier sind mit 69,14 % Freunde, Bekannte und Arbeitskollegen zu nennen. Familiäre Vorbilder wurden mit 15,43 % angegeben. 69,75 % gaben an, dass ihr berufsentscheidendes Vorbild die Qualifikation der Fachkraft im RD (RettAss und NotSan) aufweist.
Für 71,29 % hat ein neues bzw. weiteres Vorbild seit Beginn der Ausbildung eine orientierende Rolle übernommen, davon sind 70,37 % NotSan oder NotSan + PAL. Weiter erwiesen sich mit 18,52 % akademisierte Berufe wie Lehrkräfte oder Ärzt*nnen

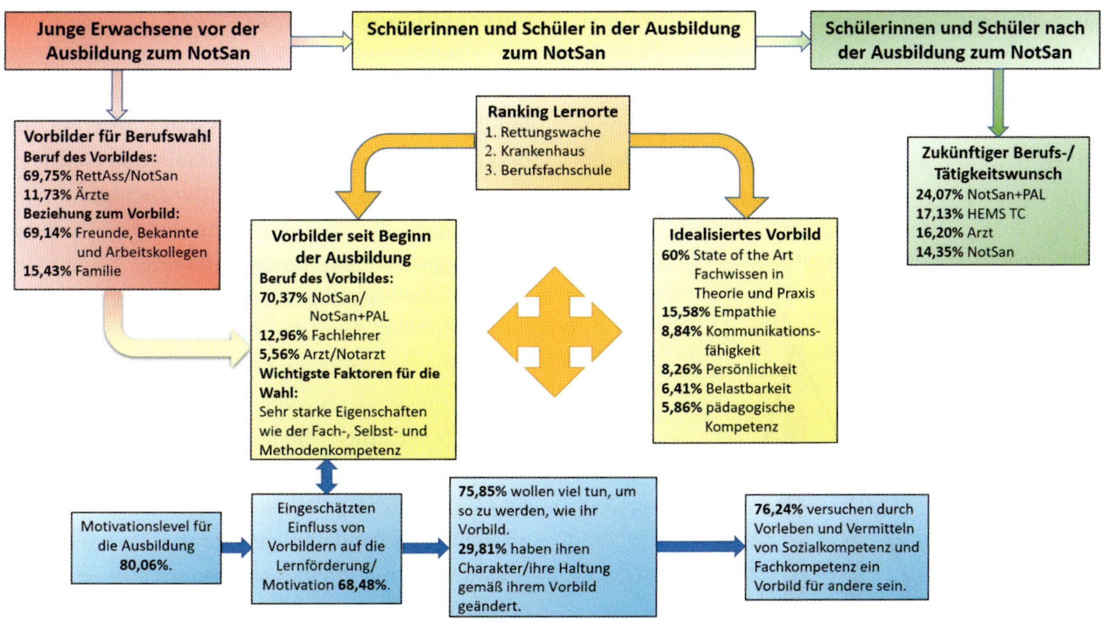

Abb. 2 Zusammenfassende Darstellung der Ergebnisse. Eigene Darstellung.

1 Das Geschlecht „divers" ist mit 2 (von 344) Teilnehmern unterrepräsentiert und kann mit statistischen Methoden nicht analysiert werden. Folglich wird unter „Geschlechter" das männliche und das weibliche verstanden.

als relevant. 96,61 % unternehmen dabei viele bis sehr viele Anstrengungen, um so zu werden wie ihr Vorbild; z. B. geben 29,81 % an, an ihrem Charakter bzw. ihrer Haltung zu arbeiten.

> An dieser Stelle kann festgestellt werden, dass das Konstrukt „Vorbild“ für die Berufswahl und für die Orientierung während der Berufsausbildung von den SuS eine große Rolle spielt.

Lediglich 12,96 % der SuS haben „Fachlehrer“ und 5,56 % „Arzt/Notarzt“ als mögliches Vorbild angegeben. Um zu analysieren, ob und wie sich die Orientierung an Vorbildern verändert, wurden in ➤ Abb. 3 die nennenswerten Vorbilder (› 5 %) veranschaulicht. Es ist ersichtlich, dass seit Beginn der Berufsausbildung die Orientierung an „NotSan + Praxisanleiter (PAL)“ und „Fachlehrer an einer BFS für NotSan“ signifikant angestiegen ist, während die Bedeutung der „Ärzte“ gesunken ist.
70,83 % wollen zudem nach der Ausbildung als NotSan im RD tätig sein und 25,93 % streben ein weiterführendes Studium an. Diese Konstellation lässt vermuten, dass Mertons [12] Hypothese, dass sich die SuS insbesondere an Personen auf den von ihnen angestrebten sozialen und beruflichen Positionen orientieren, zutreffend ist.
Als weiteres Ergebnis der Studie zeigt sich, dass 76,24 % der Stichprobe durch Vorleben und Vermitteln von Sozial- und Fachkompetenz anderen SuS und Kollegen ein Vorbild sein wollen. Als Ergebnis der Selbsteinschätzung der Teilnehmer, der Verortung der Vorbilder und dessen Abgleich kann festgestellt werden, dass die Teilnehmer Vorbilder wählen, die höhere Kompetenzen und Eigenschaften als sie selbst aufweisen. Dies zeigt sich besonders bei der Fach-, Selbst- und Methodenkompetenz.
Der Aspekt der (Lern-)Motivation der Teilnehmer ist mit 80,06 % als hoch einzustufen und hängt mit dem Wert der lernfördernden und motivierenden Wirkung von Vorbildern zusammen, der mit 68,48 % angegeben ist. Beide Aspekte beeinflussen sich offenbar dabei gegenseitig. Beim Ranking der Lernorte erreicht die Rettungswache Platz 1 mit 38 %, das Krankenhaus Platz 2 mit 34,83 % und die Berufsfachschule Platz 3 mit 27,17 %.
Bei der Frage nach einem idealisierten Vorbild verdichtete sich mit 60 % ein wesentlicher Hard Skill: „(umfangreiches) State-of-the-Art-Fachwissen in Theorie und Praxis (und darüber hinaus)“. Überdies wurde eine Vielzahl von Soft Skills genannt: „Empathie“ (15,58 %), „Kommunikationsfähigkeit“ (8,85 %), „Persönlichkeit“ (8,62 %), „Belastbarkeit“ (6,41 %) und „pädagogische Kompetenz“ (5,86 %). Die männlichen Untersuchungsteilnehmer schätzen ihre eigenen Eigenschaften und Kompetenzen i. d. R. höher ein als die weiblichen TN. Nur in den Kategorien von sozialer Kompetenz, Respekt und Toleranz bewerten sich die weiblichen TN stärker.

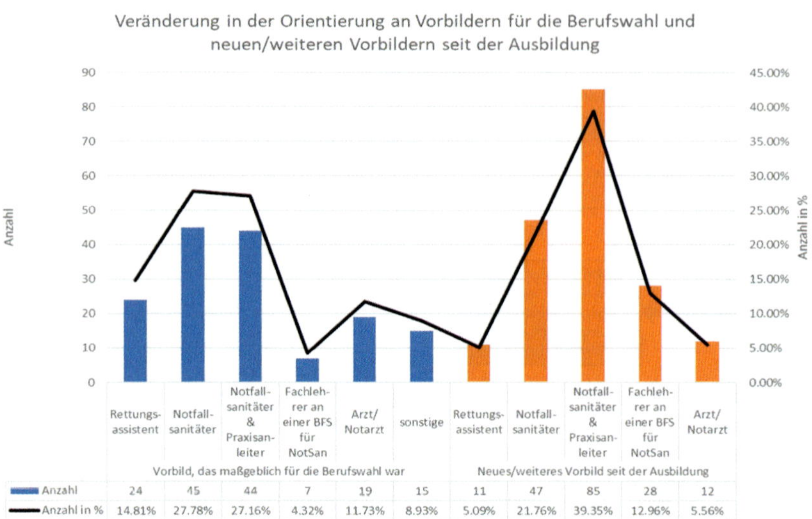

Abb. 3 Veränderung der Vorbilder von der Orientierung bei der Berufswahl und der neuen/weiteren Orientierung seit Beginn der Ausbildung

Diskussion: Am Lernort Rettungswache entscheidende Vorbilder

100 % der beruflich entscheidenden Vorbilder führen ihre berufliche Tätigkeit im medizinischen und präklinischen Bereich aus. Summiert weisen hiervon 69,75 % die Qualifikation der Fachkraft im RD auf. Weitere 11,73 % sind Ärzte und 4,32 % Fachlehrer. Dieses Ergebnis bedarf keiner langen Diskussion. Mertons Begriff „role model“ [12] und seine Hypothese, dass sich Menschen an Vorbildern orientieren, deren soziale Position angestrebt wird, kann in diesem Bezug voll bestätigt werden.
Ganz offensichtlich orientieren sich SuS ab Beginn der Ausbildung an neuen/weiteren Vorbildern, da dies 71,29 % mit „Ja“ beantworteten. Dieses Ergebnis schließt auch diejenigen ein, für die bei der Berufswahl kein Vorbild von Bedeutung war. Dies hängt möglicherweise damit zusammen, dass die drei Lernorte für die SuS einen neuen Erfahrungsraum darstellen und sie dort mit Menschen und Rollen in Kontakt kommen, die Ihnen vorher unbekannt waren. Blumer [20] stellt hierzu fest, dass das Zu-

sammenleben bzw. Zusammenarbeiten in Gruppen auf Interaktionen zwischen den Gruppenmitgliedern angewiesen ist. Es gibt viele unterschiedliche Formen und Arten von Gruppen, die sich nicht immer einfach voneinander unterscheiden lassen. Um dieses Phänomen besser beschreiben zu können, benutzt man in der Soziologie den Begriff Entitativität (entitativity): „Das Ausmaß, in dem eine Anzahl von Personen als miteinander verbundene, kohärente Einheit wahrgenommen wird“ [16].

Nach Beginn der Ausbildung geben 70,37 % den NotSan (mit oder ohne Zusatzfunktionen) als Vorbild an, orientieren sich folglich am Berufsbild bzw. an der Gruppe mit der höchsten Entitativität. Mit einer Ausprägung von 39,35 % weist die Gruppe der NotSan+PAL die höchste Nennung auf. Mit Blick auf die 200-stündige Weiterbildung zum PAL ist dieses gute Ergebnis nicht zu erklären. Die Inhalte sind in keinem Gesetz oder Vorschrift geregelt, lediglich die Zugangsvoraussetzungen, berufliche Erfahrung und zeitlicher Umfang sind in § 3 Absatz 1 NotSan-APrV [16] verschriftlicht.

Bei der Betrachtung der Kontaktzeit der SuS auf einer Rettungswache (1.960 Std. von 4.600 Std.) und der unmittelbaren Nähe zu den PALs auf dem Rettungswagen in Verbindung mit den Aufgaben eines PAL (max. 6 SuS : 1 PAL), erscheint der hohe Vorbild-Wert verständlich. Der Dienst beginnt zusammen, Wachaufgaben werden gemeinsam erledigt, der PAL ist jederzeit für Fragen ansprechbar, Einsätze werden im Team von A–Z abgearbeitet und nachbesprochen, (invasive) Maßnahmen werden trainiert und am Patienten zur Anwendung gebracht. Darüber hinaus prüfen sich Erlebnisse, die mit starkem emotionalem Empfinden (Aufregung, Faszination, Angst, Erfolg u. a.) verknüpft sind, besonders tief ins Gedächtnis ein. Dies liegt unter anderem daran, dass zwischen der für die emotionale Bewertung von Reizen verantwortlichen Amygdala und dem für die Gedächtnisbildung zentralen Hippocampus enge Verbindungen bestehen. Der u. a. ausgeschüttete Botenstoff Noradrenalin fördert hierbei die Neubildung und Stärkung von Nervenzellverbindungen und so einen für die Gedächtnisbildung zentralen Prozess. Dieser physiologische Vorgang könnte eine Rolle bei der Auswahl von Vorbildern im Rettungsdienst spielen.

Mit 21,76 % erreicht der „normale“ NotSan (ohne weitere Qualifikationen) Rang Zwei. Auch dies könnte mit der hohen Kontaktzeit und den erlebnisreichen Einsätzen erklärt werden, bei denen der NotSan seine ganze berufliche Praxis vorweisen kann und somit ein attraktives Vorbild wird. Eine weitere Begründung könnte mit Mertons [13] Konstrukt der „In-groups“ und „Out-groups“ dargestellt werden. Er beschreibt, dass es immer *In-groups* gibt, denen man zugehörig ist, und *Out-groups*, zu denen man nicht gehört. Dabei kann es sein, dass man einer der Gruppierungen angehören möchte, wobei es keine Rolle spielt, welcher. Im Kontext der NotSan-Ausbildung könnten die Mitschüler und der Rettungsdienst mit seinen NotSan eine *In-group* darstellen und die, die dem Rettungsdienst nicht angehören, bilden die *Out-group* (wie die Berufsfachschulen mit ihren Fachlehrern oder die Krankenhäuser mit ihrem Personal).

Aufgrund der höheren medizinischen Qualifikation und der Annahme, Ärzte seien nicht nur bezüglich der Durchführung von invasiven Maßnahmen ein attraktives Vorbild, werden Ärzte mit Beginn der Ausbildung nur noch mit 5,56 % (11,73 % bei Berufswahl) angegeben. Dies widerspricht zunächst der Annahme, dass sich SuS besonders an Vorbildern orientieren, die höhere beruflich relevante Eigenschaften wie der Fach-, Selbst- und Methodenkompetenz aufweisen. Ob sich dies damit begründen lässt, dass Ärzte keine guten Lehrenden sind oder das Berufsbild Arzt nicht dem sozialen und beruflichen Anspruch entspricht oder ob sich die SuS an der Thematik erweiterte Maßnahmen und interprofessionelle Konflikte [5] reiben oder ganz andere Gründe zu nennen wären, lässt sich mit dieser Arbeit nicht beantworten.

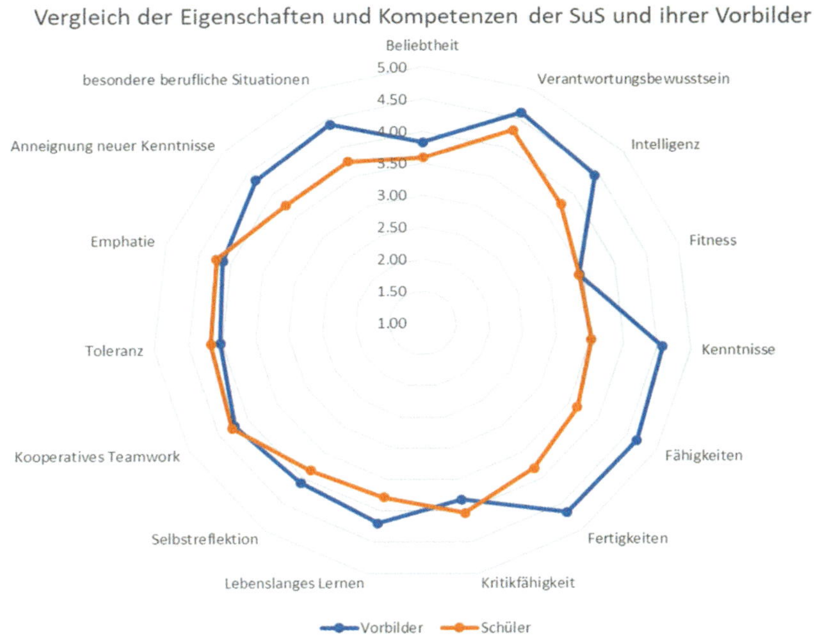

Abb. 4 Vergleich der Ergebnisse aus der Selbsteinschätzung sowie der Einschätzung der Vorbilder im Kontext von Eigenschaften und Kompetenzen. Eigene Darstellung.

Klaus Runggaldier, Bramsche

Abb. 5 Mit einem entsprechenden Vorbild kann schon ein Kind seinen zukünftigen Weg im Rettungsdienst sehen.

Der Fachlehrer wird mit 12,96 % als Vorbild angegeben und liegt damit unter den Erwartungen. Aus Sicht eines Pädagogen kann über diesen Wert nicht gejubelt werden, immerhin verbringen die SuS über die drei Schuljahre verteilt 1.920 Std. in der BFS. Hier muss auch berücksichtigt werden, dass Hattie [8] die Effektstärke der „Teacher credibility" für den allgemeinbildenden Bereich mit 0,90 als sehr einflussreich angibt und folglich diese lernfördernde Wirkung im Kontext beruflicher Bildung der NotSanAusb stärker gefördert werden muss. Im Sinne der unterschiedlichen Relevanz der Lernorte könnte argumentiert werden, dass am Lernort BFS die Aufgaben und Tätigkeiten des Lehrenden wenig Projektionsfläche der vorbildlichen Eigenschaften des Fachlehrers aus Sicht der SuS bieten.

Im Vergleich zu den NotSan und NotSan + PAL unterscheiden sich die Aufgaben und Erlebnisfelder der Fachlehrer deutlich und die BFS kann ohne gezielte Methoden und Maßnahmen dem „Thrill" des Lernortes Rettungsdienst nicht entsprechen. Auch die Berücksichtigung der *In-group* (Klasse)- und *Out-group* (Fachlehrer)-Theorie von Merton muss argumentativ mit angeführt werden. Doch warum haben die SuS den Fachlehrer nicht häufiger als Vorbild angegeben? Ist es pädagogisch relevant, dieses Ergebnis zu verbessern und mit welchen Maßnahmen könnte dies gelingen, um die Wirkung und Lernförderung durch den Fachlehrer am Lernort Schule zu erhöhen?

An dieser Stelle muss das Abschneiden des Lernorts BFS (Platz 3, 27,17 %) sowie die unterdurchschnittlich beurteilte vorbildliche Rolle der Fachlehrer (12,96 %) kritisch diskutiert werden. Eine der möglichen Ursachen kann in den zunehmend gereiften intellektuellen Fähigkeiten sowie Reflexionsvermögen der SuS gesehen werden. Als Konsequenz setzen sich die Jugendlichen vermehrt kritisch mit der Schule, deren Sinn und Zweck auseinander. Die Adoleszenten bilden sich im zunehmenden Maß eine eigene Meinung über Lehrpersonen, Lerninhalte und Methoden. Dies kann zu einem Motivationsmangel führen, besonders wenn die aufgetragenen Lernaufgaben als „ich- bzw. berufsfremd" empfunden werden. Sie empfehlen, die schulischen Umweltbedingungen und deren Auswirkung auf emotionale, kognitive und motivationale Faktoren des Lernens gezielter zu analysieren. Balanck [1] untersuchte in diesem Zusammenhang im Umfeld der NotSan-Ausbildung den Motivationsverlust durch Bore-out, der durch (schulische) Unterforderung entsteht. Hier schließen sich strukturelle Mängel in der Organisation der BFS an.

Meyer et al. [14] benennen zwei führende Probleme der BFS: Zum einen ist der Prozess der Akademisierung der Fachlehrer noch nicht abgeschlossen und zum anderen wurde der Wechsel von der Ausbildung von RettAss zur handlungsorientierten Berufsausbildung der NotSan seit 2014 durch manche Lehrkräfte, insbesondere auch durch Honorardozenten aus der Praxis, aufgrund von Übergangsregelungen mental noch nicht überall vollzogen. Der letzte Aspekt führte und führt zu Unzufriedenheit bei Lehrern und Schülern. Entweder wurde dieses Problem durch eine inflationäre Nutzung von Gruppenarbeiten, getarnt als Selbstorganisiertes Lernen (SOL), oder durch den ambitionierten Versuch eines möglichst perfekten handlungsorientierten Ansatzes umgesetzt, der wieder beide Seiten überforderte und zu großem Frust führte. Unter Einbeziehung der Effektstärke von 1,57 der „Collective teacher efficacy" [9] ist es evident, dass hier das Entwicklungspotenzial der schulischen Struktur unbedingt berücksichtigt und angegangen werden muss, denn die Rolle von Fachlehrern als Vorbild sowie der Lernort Berufsfachschule können durch Synergieeffekte aller BFS die Wirksamkeit des Lernorts optimieren.

Bezüglich des Rankings der Lernorte muss der (bewusste) Fehler genannt werden, dass die Teilnehmer die Lernorte nach ihrem Einfluss auf ihre Lernmotivation sortieren sollten und dies ordinal ist. Demzufolge ist deren Platzierung zwar korrekt, aber die Prozentangaben (metrisch) entsprechen der Häufigkeit der Nennung und stellen nicht direkt den messbaren Abstand zwischen den Lernorten dar. Mit diesem Ergebnis lässt sich bei einer wiederholten Anwendung der Frage ein Verlauf darstellen und eventuell der Erfolg von Maßnahmen zur Lernortattraktivität und Lernmotivation ablesen.

Fazit

Dies ist die erste repräsentative Studie im Umfeld des Rettungsdienstes, die das Thema der Rolle von Vorbildern speziell in der Ausbildung zum Notfallsanitäter untersuchte und grundlegende Ergebnisse geliefert hat. Es wurde ersichtlich, dass das Konstrukt „Vorbild" sowohl bei der Berufswahl als auch während der Ausbildung hinsichtlich der beruflichen Entwicklung innerhalb des Rettungsdienstes durch die Schüler und Schülerinnen als relevant eingeschätzt werden kann. Überwiegend wählen SuS Vorbilder aus dem Rettungsdienst (NotSan und

NotSan + PAL). Dabei haben die Vorbilder eine lernfördernde und motivierende Wirkung im Sinne von Imitation und Nachahmung auf die SuS. Besonders trifft dies auf den Lernort Rettungswache zu. Grundsätzlich kann davon ausgegangen werden, dass den PAL und den Fachlehrern dies implizit bewusst ist. Wünschenswert wäre eine explizitere Schulung und Training der PAL und Fachlehrer im Rahmen ihrer Qualifikationsmaßnahmen. Als generelles Fazit kann jedoch festgehalten werden, dass im Sinne einer Professionalisierung des Rettungsdienstes Vorbilder aus den eigenen Reihen gesucht werden und damit eine eindeutige Abgrenzung zu anderen Feldern des Gesundheitswesens beobachtbar ist.

Literatur

[1] Balanck, J.-C. (2019). Motivationskiller Boreout: Wenn Langeweile zur Unterforderung an RD-Schulen führt. Rettungsdienst, S. 734–738.
[2] Bandura, A. (1965). Influence of models reinforcement contingencies on the acquisition of imitative response. Journal of Personality and Social Psychology, Vol. 1(6), S. 589–595.
[3] Brockhaus Enzyklopädie Online. (2019). Einsicht. Verfügbar unter https://brockhaus.de/ecs/permalink/C55FB487E03FEB48AC21EE3AD1444E0A.pdf [28.12.2019].
[4] Daum, M., & Gampe, A. (2016). Die Rolle von Vorbildern in der sozial-kognitiven Entwicklung. Psychologie & Erziehung, S. 10–13.
[5] Desa, M., Block, M., Sieg, L., Seebode, R., & Eismann, H. (2018). Erweiterte Maßnahmen und interprofessionelle Konflikte nach Einführung des Berufsbildes Notfallsanitäter. Notfall + Rettungsmedizin volume 21, S. 374–382.
[6] Eiff, M. (2017). Star – Heiliger – Vorbild. Eine empirische Untersuchung vom Vorbildverständnis von Kindern um Grundschulalter. Berlin: LIT, S. 26–43.
[7] Gerrig, R., & Zimbardo, P. (2018). Psychologie, 21. aktualisierte Aufl. Hallbergmoos: Pearson Studium, S. 301ff.
[8] Hattie, J. (2017). Visible Learning. Hattie Ranking: 252 Influences And Effect Sizes Related To Student Achievement. Verfügbar unter https://visible-learning.org/hattie-ranking-influences-effect-sizes-learning-achievement/ [5.01.2021].
[9] KMK. (2018). Kultusminister Konferenz. Handreichung für die Erarbeitung von Rahmenlehrplänen der Kultusministerkonferenz für den berufsbezogenen Unterricht in der Berufsschule und ihre Abstimmung mit Ausbildungsordnungen des Bundes für anerkannte Ausbildungsberufe, S. 15–16. Verfügbar unter https://www.kmk.org/fileadmin/Dateien/veroeffentlichungen_beschluesse/2011/2011_09_23-GEP-Handreichung.pdf [05.01.2021].
[10] Kraul, M., Koch, K., & Hoffmann, A. (2003). Idole und Vorbilder. Lehren und Lernen, S. 4–14.
[11] Mendl, H. (2015). Modelle – Vorbilder – Leitfiguren: Lernen an außergewöhnlichen Biografien. Stuttgart: Kohlhammer, S. 46.
[12] Merton, R. (1958). The student-physician: introductory studies in the sociology of medical education. Social Forces, Volume 36(4), S. 378–379.
[13] Merton, R. K. (1968). Social theory and social structure (3. Aufl.). New York: The Free Press, S. 480.
[14] Meyer, K., Hahnen, D., & Sander, H. (2020). Hilfen für Lehrende: Wie lässt sich die Notfallsanitäter-Ausbildung besser gestalten? Rettungsdienst, S. 118–121.
[15] Nadel, J. (2002). Imitation and imitation recognition: Functional use in preverbal infants and nonverbal children with autism. In A. N. Meltzoff, W. Prinz, & (Hrsg.), The Imitative Mind: Development, Evolution and Brain Bases (Cambridge Studies in Cognitive and Perceptual Development, Band 6), S. 42–62. Cambridge: Cambridge University Press.
[16] Nijstad, B. A., & Van Knippenberg, D. (2014). Gruppendynamik. In K. Jonas, W. Stroebe, & M. Hewstone (Hrsg.), Sozialpsychologie S. 439–467. Berlin: Springer.
[17] NotSan-APrV. (2016). Ausbildungs- und Prüfungsverordnung für Notfallsanitäterinnen und Notfallsanitäter (NotSan-APrV), S. 2. Verfügbar unter https://www.gesetze-im-internet.de/notsan-aprv/BJNR428000013.html [05.01.2021].
[18] Städeli, C., Grassi, A., Rhiner, K., & Obrist, W. (2013). Kompetenzorientiert unterrichten – Das AVIVA-Modell; 2. Auflage, Bern: hep verlag, S. 12.
[19] Destatis. (23. 10 2019). Statistisches Bundesamt. Fachserie. 11, Bildung und Kultur. 2, Berufliche Schulen. Schuljahr 2018/2019, S. 92. Verfügbar unter https://www.destatis.de/DE/Themen/Gesellschaft-Umwelt/Bildung-Forschung-Kultur/Schulen/Publikationen/Downloads-Schulen/berufliche-schulen-2110200197004.pdf?__blob=publicationFile [05.01.2021].
[20] Blumer, H. (1973). Der methodologische Standort des symbolischen Interak-tionismus. Der Baum der Erkenntnis, S. 10. Verfügbar unter http://hehl-rhoen.de/pdf/Philosopie/blumer%20-%20interaktionismus.pdf [05.01.2021].

Die Autoren

Ingo Winterstein, Notfallsanitäter – Berufspädagoge im Gesundheitswesen B.A. und Dozent an einer Berufsfachschule für Notfallsanitäter.
Kontakt: ingowinterstein@gmx.de

Prof. Dr. habil. Thomas Prescher, Wilhelm Löhe Hochschule Fürth, Professur für Berufspädagogik.
Kontakt: Thomas.Prescher@wlh-fuerth.de

Interessenskonflikt: Die Autoren geben an, dass keine Interessenskonflikte vorliegen.

colourbox.com

Checklisten in der NotSan-Ausbildung (Teil 2): Handlungskompetenz entwickeln

Schlüsselwörter:
Checklisten
Gestaltung
Handlungskompetenz
Notfallsanitäterausbildung

Zusammenfassung *Mit Hilfe von Checklisten ist es möglich, den Schülern in der Ausbildung Maßnahmen auf einem hohen Standard transparent zu vermitteln und diese abzuprüfen. Den Schülern ermöglicht die Checkliste ein selbstständiges reflektiertes Üben in der Berufsfachschule (BFS) und auf der Lehrrettungswache. Die Lehraussagen einer BFS werden durch Checklisten harmonisiert und überprüfbar gemacht. In der Berufsfachschule werden Checklisten auch zum Skilltraining eingesetzt. Es wird zwischen Checklisten für Routineverfahren und für Notverfahren unterschieden. Das Festlegen eines Expertenstandards auf der Grundlage der aktuellen Leitlinien emanzipiert die Berufsfachschullehrer von der ärztlichen Deutungshoheit.*
Wie können nun Checklisten im Rahmen der berufsschulischen Ausbildung ihre Wirkung zur Förderung beruflicher Handlungskompetenz entfalten?

Checklisten als Format der Kompetenzentwicklung: Training in klaren Handlungsschritten

Rothkötter, Fischer und Schmidt-Torner [15] betonen in ihrem Konzept der Notfallnarkose, Vorbereitung und Assistenz im Rettungsdienst:

„Die […] gezeigten Arbeitshilfen sind für sich genommen keine ausreichende Vorbereitung auf die Assistenz der prähospitalen Notfallnarkose. Der Umgang mit den Arbeitshilfen muss zuerst erlernt und praktisch trainiert werden […].“

Zu einem ähnlichen Ergebnis kommen Goldhaber-Fiebert und Howard [6] bei der Einführung von *Emergency Manuals* in der Klinik:

„We propose a 4-element approach that integrates recommendations from the medical literature with examples from our experience. The elements are: create, familiarize, use, and integrate."

Das Training mit Checklisten scheint ein immanenter Bestandteil einer Implementierungsstrategie zu sein. Um zu einem wertvollen Hilfsmittel in der Versorgung von Notfallpatienten zu werden, müssen die Teams vorher mit diesen Hilfsmitteln ihre Prozesse optimiert haben. Checklisten für Krisensituationen müssen geübt werden [14]. Auch Marx und Lange [12] plädieren für ein intensives Training mit *ActionCards*, denn in der Luftfahrt käme niemand auf die Idee, ohne Checklisten in den Simulator zu steigen und zu trainieren.

„Wenn diese dann Bestandteil regelmäßigen Trainings werden, besteht die berechtigte Hoffnung, dass sich bei den Beteiligten brauchbare Handlungsschablonen entwickeln."

In der Berufsfachschule lassen sich die Schritte zur Implementierung von Checklisten gut abbilden. Checklisten werden von den Lehrkräften erstellt und auf ihre Anwendbarkeit optimalerweise in der schuleigenen Simulation getestet. Anschließend werden sie bereits in den theoretischen Unterricht mit einbezogen und in den Praxisphasen selbstverständlich verwendet. Lernende sollten den routinemäßigen Einsatz von Checklisten und *Cognitive Aids* als selbstverständlichen Bestandteil ihrer Arbeitsweise kennenlernen. Dies ist auch ein klares Ziel des WHO-Mastercurriculums für Patientensicherheit [17]. Eine curriculare Einbindung der Checklisten und *Cognitive Aids* erfolgt über die den Lernfeldern zugeordneten Kann-Listen, hierdurch wird sichergestellt, dass die Hilfsmittel immanenter Bestandteil der Schulbildung sind und der Schüler die Relevanz dieser Hilfsmittel nicht übersieht.

Dies gilt besonders für seltene und komplexe Notfallsituationen, die unter Zeitdruck Entscheidungen fordern. Diese Situationen stellen eine große Herausforderung für die Einsatzteams, aber insbesondere für die Lerngruppen in der Ausbildung, dar. In der Lehre an der Berufsfachschule lässt sich immer wieder beobachten, dass der Unterricht dieser Situationen sehr viel Zeit in Anspruch nimmt und im praktischen Unterricht häufig zu frustrierenden Erlebnissen führt. Oft sind die Schüler mit den unterschiedlichen Faktoren, die es zu beachten gilt, und der gleichzeitigen Koordination der Teamkollegen und der Angehörigen überfordert.

Beispiel Geburtsbegleitung: Konkrete Arbeitsabläufe für eine strukturierte Teamarbeit

Ein Beispiel hierfür ist die Geburtsbegleitung im Rettungsdienst. Die Muster-Algorithmen des DBRD [4] bieten zwar eine hervorragende Prozesskarte,

Abb. 1 Checkliste Geburtsbegleitung. Eigene Darstellung

Jörg Holländer, Würzburg

sind aber nicht geeignet, um dem Teamführer einen konkreten Arbeitsablauf aufzuzeigen und hierdurch eine konkrete Strukturierung der Teamarbeit herbeizuführen. Durch die Einführung einer „Checkliste Geburtsbegleitung" im Unterricht (➤ Abb. 1) konnte eine effiziente Strukturierung und damit eine Entlastung der Schüler herbeigeführt werden. Allein das Wissen um diese Strukturierungshilfe führt bei den Akteuren zu einer größeren Handlungssicherheit. Der Unterricht „beginnende Geburt" wurde um ein Ablauftraining (Drill) erweitert. Hier werden anhand der Checkliste die ersten 5 Minuten in Intervallen im Team trainiert, bis sich die Teilnehmer sicher im prozessualen Ablauf fühlen und das eigentliche Training beginnt.

Um eine Handlungsunfähigkeit zu umgehen, sollen Aktionen und Handlungsschemata ähnlich wie Reflexe abgerufen werden können. Dies setzt voraus, dass sie sehr oft eingeübt bzw. mental trainiert werden (Drill). Automatisierung führt hier zu einer schnellen Reaktionsmöglichkeit bei minimalem Einsatz von kognitiven Ressourcen, jedoch nur, wenn dies ausführlich trainiert wurde [18] und wenn der Ablauf von Anfang an mit seinen Teilschritten klar ist. Für die Implementierung von Checklisten in den Unterricht lassen sich unterschiedliche methodische Verfahren identifizieren. Zwei dieser Verfahren sind zum Beispiel ERADS und der 4-Step-Approach.

Methodische Zugänge: ERADS und der 4-Step-Approach für ein Lernen mit Checklisten

ERAD steht für *Emergency Reflex Action Drill* und kann als Methode eine wichtige Ergänzung im Unterricht darstellen. Es gibt verschiedene Wege, motorische Reaktion zu programmieren. So kann z.B. ein vorher genau festgelegter prozessualer Ablauf von Handlungen mit geschlossenen Augen immer wieder Schritt für Schritt durchgespielt werden. Dabei werden die zur Handlung nötigen Bewegungen mitvollzogen. Dies kann im Unterricht zur Vertiefung von Arbeitstechniken wie z.B. der intramuskulären Gabe von Adrenalin eingesetzt werden. Basierend auf der ERAD-Methode können auch Situationen im Team trainiert werden, die zeitkritische Reaktionen erfordern, um Handlungsabläufe mit mehreren Personen klar zu strukturieren [3]. In jedem Fall ist jedoch eine zwingende Voraussetzung die exakte Definition der Handlungsschritte, wofür eine Checkliste das am besten geeignete Mittel darstellt.

Die 4-Schritt-Methode oder auch Vier-Stufen-Methode ist während des zweiten Weltkrieges im Rahmen des „Training within Industry Programmes" in den USA entwickelt worden. Die vier Schritte sind wie folgt definiert:

1. Schritt: Vormachen in normaler Geschwindigkeit ohne Erklärung, durch den Lehrer.
2. Schritt: Vormachen in reduzierter Geschwindigkeit, Erläuterung der Handlungsabläufe.
3. Schritt: Durch Teilnehmer angeleitetes Vormachen
4. Schritt: Selbstständiges Üben unter Aufsicht

Es wurden zahlreiche Vergleichsstudien zur Wirksamkeit der Methode durchgeführt. Während einzelne Studien zu dem Ergebnis kamen, dass eine Überlegenheit der Methode nicht gegeben ist [13], kommt wohl dennoch die Mehrheit zu dem Schluss, dass ein Lehren nach der 4-Schritt-Methode doch einen Vorteil gegenüber dem reinen Vormachen und Erklären durch den Lehrer hatte. So stellen Gradl-Dietsch et al. [7] fest, dass die Stärke der Methode in der Kombination verschiedener Lerntheorien liegt, wobei hier insbesondere die in Schritt 3 erforderliche Anleitung durch den Teilnehmer wirksam zu sein scheint.

Die Tatsache, dass der Schüler zunächst Schritte eins und zwei genauer reflektieren und genaue Instruktionen selbst formulieren muss, scheint hier ausschlaggebend zu sein [7]. Schritt 4 beschreibt das selbstständige Üben des Teilnehmers. Die Methode sieht hier ein Üben unter Aufsicht vor, das jedoch in Umfang und Tiefe nicht genau festgelegt ist. Hier stellt sich die Frage, wie das Üben möglichst effizient genutzt werden kann, um einen möglichst stabilen und langfristigen Lernerfolg zu gewährleisten. Der Erwerb von Wissen ist kein spontaner Vorgang, sondern entfaltet sich stufenweise, ist also in einen Entwicklungsprozess integriert [1]. Um diesen Entwicklungsprozess zuverlässig zu reproduzieren und zu wiederholen, scheint eine Checkliste geradezu unumgänglich.

Die mit beispielsweise diesen zwei Methoden eingeübten Vorgehensweisen können dann für eine vertiefende simulatorgestützte Ausbildung genutzt werden. Die *Rapid Sequence Induction* (RSI), die Notfallnarkose bei einem nicht nüchternen Patienten, ist zum Beispiel für den bodengebundenen Rettungsdienst ein seltenes Ereignis. Bei der RSI sind handwerkliche Fähigkeiten und eine gute Zusammenarbeit zwischen dem Team des Rettungswagens und dem Notarzt wichtige Voraussetzungen für eine möglichst hohe Patientensicherheit. Um bereits in der Berufsfachschule strukturierte Prozesse vor, während und nach einer RSI den Schülern näher zu bringen, bietet sich das bereits gelebte Konzept der Johanniter-Unfall-Hilfe aus Nürnberg an. Dieses Konzept besteht aus einer RSI-Schablone, die passgenau auf den Rettungswagen (RTW) zugeschnitten ist und eine standardisierte Vorbereitung der Materialien für das Atemwegsmanagement erleichtert (*Cognitive Aid*) sowie eine exakte Aufziehanleitung für die Narkosemedikamente und Vasopressoren (*Cognitive Aid*) und eine Checkliste, unterteilt in Vorbereitungs-, Durchführungs- und Nachbereitungsphase, beinhaltet [15]. Die strukturierte Zusammenarbeit des RTW-Teams mit dem Notarzt erlaubt eine Demokratisierung des Notfalls und verhindert jedwede Verantwortungsdiffusion [16].

Eine Berufsfachschule kann unabhängig davon, wie sehr sich die Lehrkräfte auch bemühen, keine stete Wiederholung der praktischen Themen sicherstellen. Dies muss in der Rettungswache, also in der praktischen Tätigkeit geschehen. Da der rettungsdienstliche Alltag aus seiner Natur heraus nicht planbar ist, sind Übungstage in jedem Rettungswachenblock unerlässlich.

„Dem Vergessen lässt sich durch wiederholtes Üben und Anwenden in anderen Zusammenhängen entgegenwirken. Der Erfolg bzw. Lernzuwachs durch eine Anleitung hängt somit auch von der Anzahl der tatsächlich ausgeführten Wiederholungen ab." [11]

Für die Festigung der Handlungskompetenz muss der Schüler, durch den Praxisanleiter betreut und dokumentiert, nicht-invasive und invasive Maßnahmen in praxisorientiertem Training und in Einsatzsituationen durchführen [10]. Um einen regelgerechten Theorie-Praxis-Transfer zu gewährleisten, sind Checklisten für Routinemaßnahmen und Notverfahren eine gute Möglichkeit für den Praxisanleiter und den Schüler, Maßnahmen nach dem Stand der Wissenschaft durchzuführen. Findet eine Anleitungssituation in der betrieblichen Umgebung statt, so ist es wichtig, dass über die Kriterien, die der Schüler zu erfüllen hat, Klarheit herrscht [11]. Sind die Lehraussagen (Kriterien) der Schule mit denen in der Praxis deckungsgleich, ist dies im Sinne der Lernortkooperation von hohem Nutzen und führt den hohen Standard der schulischen Ausbildung in der Praxis fort.

Doch auch Praxisanleiter profitieren von Checklisten am ehesten, wenn diese vor dem Einsatz in der Praxis unter kontrollierten Bedingungen trainiert werden. Folgerichtig wären Fortbildungsangebote wie Checklisten-Workshops für Praxisanleiter in der Berufsfachschule einzurichten, wobei es hier gilt, mit den Praxisanleitern gemeinsam praxisstabile Lösungen zu finden. Checklisten können besprochen und in der Simulation trainiert und gegebenenfalls verbessert werden. Im Sinne einer intensiven Lernortkooperation ist es wichtig, dass die Impulse von beiden Seiten ausgehen, d. h. sich diese nicht einseitig top-down herstellen lässt.

Für Berufsfachschulen bietet es sich im Rahmen des Fortbildungsangebotes, beispielsweise in der Simulation, an, die Checklisten und *Cognitive Aids* mit einzubeziehen und sich ausdrücklich auch an Praxisanleiter zu richten. Letztendlich wäre eine Implementierung von Checklisten im gesamten Rettungsdienst für alle dort tätigen Mitarbeiter wünschenswert.

Kriterien zur Erstellung von Checklisten im Rettungsdienst: Grafische Aufarbeitung entscheidet über Anwendung

Der Einsatz der Checklisten hängt von ihrer Gestaltung ab, denn die Gestaltung der Checklisten bestimmt über ihre Praktikabilität und hat damit einen hohen Einfluss auf die Akzeptanz der Benutzer. Das Aussehen einer Checkliste ist abhängig von Einsatzzweck, Anwenderklientel und Einsatzumgebung [14].

„A sound checklist highlights the essential criteria that should be considered in a particular area. It helps the user not forget important criteria, achieve standardization of a process, and enhances an assessment's objectivity and reproducibility." [9]

Die grafische Aufbereitung scheint neben dem Inhalt ein sehr wichtiges Element zu sein, da diese über die Struktur und Benutzerfreundlichkeit ent-

SACAG

HEMS

scheidet. Burian [2] identifiziert folgende Probleme beim Design von Checklisten:

„The most commonly identified design issue discussed in this case study was the formatting, layout, and organization of checklist items on the page."

Die Wichtigkeit der Benutzerfreundlichkeit steigt mit der Anforderung einer Checkliste, in kritischen Situationen den Anwendern ein Maximum an Unterstützung zu bieten. Um den Anwendern eine gewichtige Hilfe im Einsatz zu sein, spielt es ebenfalls eine Rolle, wo die Checkliste aufbewahrt wird. Befindet sich diese im RTW oder trägt der Anwender sie immer bei sich? Es kann auch sinnvoll sein, bestimmte Checklisten direkt beim Material aufzubewahren, z. B. die der Notfallnarkose direkt im Intubationsfach. Wird die Checkliste bereits auf der Anfahrt vom Teamleader benutzt, um ein kurzes Briefing durchzuführen, benötigt er die Checkliste in der Fahrerkabine.

Die in ➤ Abb. 2 aufgeführten Kriterien zur Erstellung von Checklisten im Rettungsdienst sind adaptiert an Hales et al. [9] und Burian [1].

Jörg Holländer, Würzburg

Vorüberlegung:
- Einsatzzweck
- Anwenderklientel
- Einsatzort
- Aufbewahrungsort
- Materialbeschaffenheit

Inhalt:
- Beachtung der gültigen Leitlinien
- Beachtung der gültigen SOPs
- Einbeziehung von Experten bei kritischen Punkten
- Beachtung lokaler Protokolle

Design:
- Checklisten sollten QM-konforme Kopf- und Fußzeilen enthalten
- Verwendung von großen, fetten und gut lesbaren Schriftarten
- Verwendete Farben müssen üblicher Farbgebung entsprechen (z.B. rot=Notfall)
- Einheitliche, geeignete Nomenklatur
- Kohärenz der Elemente auf einer Checkliste
- Einsatz geeigneter Grafiken

Validierung und Prozesseinführung:
- Einhaltung des PDCA Zyklus
- Externe Überprüfung von Form und Inhalt
- Überprüfung auf Praxistauglichkeit in einer Simulationsumgebung
- Schulung der Anwender
- Anwender stehen im Mittelpunkt

Abb. 2 Kriterien zur Erstellung von Checklisten im Rettungsdienst

Anschauliche Beispiele aus der Praxis sind z. B. das *Emergency Manual* der *Stanford Anesthesia Cognitiv Aid Group* (SACAG), eine für die Anästhesie entwickelte Hilfe, die entsprechend in der Klinik eingesetzt wird, aber auch die *Emergency Action Cards* der *Greater Sydney Area* (HEMS) für den präklinischen Einsatz [8]. Die SACAG stellt das Manual kostenfrei und auch in deutscher Übersetzung zur Verfügung [5]. Folgen Sie einfach den jeweiligen QR-Codes in der linken Spalte.

Fazit

Es gibt sie bereits, die Checklisten im Unterricht der Berufsfachschule. Sie treten in verschiedenen Funktionen auf und haben noch kein einheitliches Wording und Aussehen. Der Bedarf ist erkannt, die Umsetzung ist noch nicht in allen Teilen auf einem gleichen Qualitätsstandard. Ein einheitliches Konzept und Design sind anzustreben; dies hängt von verschiedenen Parametern ab. Der Umstand, dass verschiedene Systeme parallel im Unterricht eingesetzt werden oder in Planung sind, macht eine Vereinheitlichung schwierig. Im Unterricht stellen die Checklisten eine sinnvolle Lernhilfe für die Schüler dar. Die Checklisten ermöglichen durch die Strukturierungs- und Prozesshilfe ein besseres Teamergebnis. Lernerfolge werden schneller ermöglicht, da der Schüler ein klar definiertes und strukturiertes Ziel vorgegeben bekommt. Lehrmeinungen an einer BFS werden durch die Implementierung vereinheitlicht und überprüfbar gemacht. Nur durch intensives Training mit den Checklisten wird ein hoher Nutzen in der tatsächlichen Anwendung gewährleistet. Die Einbindung der Notärzte innerhalb der Aufgabenverteilung einer Checkliste ist notwendig. Die Probleme werden in der Berufspraxis auftreten, denn solange nicht alle an einem Notfall beteiligten Akteure zusammen trainieren, ist die Gefahr eines Bruchs in der Patientenversorgung gegeben, wenn das RTW-Team auf den Notarzt trifft.

Checklisten sind nicht nur wichtige Elemente im Risikomanagement, sondern bieten auch die Chance, mit den Praxisanleitern auf einer neuen Ebene zusammenzuarbeiten, mit positiven Effekten für alle Seiten. Der Lerntransfer gelingt bei einer engen Vernetzung der Lernorte am ehesten. Checklisten können dazu beitragen, Lerninhalte der BFS und der Rettungswache zu harmonisieren. Die Praxisanleiter erhalten durch sie eine wichtige Hilfe für ihre Aufgabe, mit den Schülern zu trainieren. Die Implementierung von Checklisten ist anspruchsvoll und muss eng begleitet werden. Nur wenn an allen Lernorten Checklisten eingesetzt werden, ist ein hoher Nutzen zu erwarten.

Das Erstellen von Checklisten ist jedoch mit einem hohen Ressourceneinsatz verbunden. Umfassende Vorüberlegungen sind notwendig, um zu einem guten Ergebnis zu kommen. Diese Vorüberlegungen haben großen Einfluss auf Inhalt und Gestaltung und damit letztendlich auf das Gelingen einer Einbindung von Checklisten in bestehende Arbeits- und Lernprozesse. Inhaltlich dürfen Checklisten, Leitlinien und SOPs sich nicht widersprechen. Die Gestaltung hat einen hohen Einfluss auf die spätere Funktionalität einer Checkliste. Im Implementierungsprozess steht der Anwender im Fokus. Eine Implementierung muss im Training erfolgen und darf unter keinen Umständen rein theoretischer Natur sein. Die optimierten Arbeitsabläufe müssen Teil der Arbeitswirklichkeit werden. Wie in Zukunft die Checklisten an BFS gestaltet werden, damit diese auch in der Praxis zur Anwendung kommen können, ist offen. Die Kriterien sind festgelegt, ein Konsens muss zwischen allen Stakeholdern aber noch gefunden werden.

Quellen

[1] Badke-Schaub, P., Hofinger, G., & Lauche, K. (2012). *Human Factors Psychologie sicheren Handelns.* Berlin-Heidelberg: Springer, S. 4.

[2] Fudickar, A., Hörle, K., Wiltfang, J., & Bein, B. (19. Oktober 2012). The Effect of the WHO Surgical Safety Checklist on Complication Rate and Communication. *Deutsches Ärzteblatt International*, S. 695–701. doi:10.3238/arztebl.2012., S. 699.

[3] Gawande, A. (2013). *Checkliste-Strategie Wie sie die Dinge in den Griff bekommen.* München: btb, S. 190.

[4] Gausemann, P., Henninger, M., & Koppenberg, J. (2015). *Patientensicherheitsmanagement.* (M. H. Peter Gausemann, Hrsg.) Berlin/Bosten: Walter de Gruyter, S. 133; 278.

[5] Haynes, A. B., Weiser, T. G., Berry, W. R., Lipsitz, S. R., Breizat, A.-H. S., Dellinger, P., Gawande, A. A. (14. 01 2009). A Surgical Safety Checklist to Reduce Morbidity and Mortality in a Global Population. *The new england journal of medicine.*

[6] Karutz, H. (2018). Der steinige Weg, ein Berufsbild zu professionalisieren. (V. h. GmbH, Hrsg.) *Pädagogik der Gesundheitsberufe*, S. 221–223, S. 223.

[7] Kerner, T., Schmidbauer, W., Tiez, M., Marung, H., & Genzwuerker, H. V. (20.07.2015). Use of checklists improves the quality and safety of prehospital emergency care. *European Journal of Emergency Medicine.* doi:10.1097/MEJ.0000000000000315

[8] Koppenberg, J., Bucher, M., Gausmann, P., & Henninger, M. (August 2014). Simulationsbasierte Trainings zur Verbesserung der Patientensicherheit. *Notfall + Rettungsmedizin, 17* (Heft 5), S. 373. doi:10.1007/s10049-013-1802-y

[9] Lazarovici, M., Trentzsch, H., & Prückner, S. (02 2017). Human Factors in der Medizin. *Zentralblatt für Arbeitsmedizin, Arbeitsschutz und Ergonomie*, S. 123–139. doi:10.1007/s40664-017-0172-6, S. 50; 126; 130; 131.

[10] Lingard, L., Espin, S., Rubin, B., Whyte, S., Colmenares, M., Baker, G., Reznick, R. (12.05.2005). Getting teams to talk: development and pilot implementation of a checklist to promote interprofessional communication in OR. *The BMJ*, S. 340–346, S. 346.

[11] Neumayr, A., Schinnerl, A., & Baubin, M. (2016). *Risikomanagement in der prähospitalen Notfallmedizin.* Berlin: Springer, S. 97.

[12] Reason, J. (1994). *Menschliches Versagen.* Heidelberg: Spektrum, S. 81ff.; 256.

[13] Reason, J. (18.3.2000). Human error: models and management. *bmj British Medical Journal*, S. 769.

[14] Schoolmann, E. (Juni 2017). Zum Beitrag „Notfallsanitäter: Hilflose Helfer" der Sendung Markt vom 08.05.2017. *Der Notarzt*, S. 264–266. doi:10.1055/s-0043-120947, S. 264.

[15] Schrappe, M. (2018). *APS-Weißbuch Patientensicherheit.* Berlin: Medizinisch Wissenschaftliche Verlagsgesellschaft, S. 102.

[16] Taylor, F. W., & Wallichs, A. (1919). *Die Betriebsleitung insbesondere der Werkstätten.* Berlin: Springer, S. 64 .

[17] Weltgesundheitsorganisation. (2018). *Mustercurriculum Patientensicherheit: Multiprofessionelle Ausgabe.* (Charité-Universitätsmedizin-Berlin, Hrsg.) Abgerufen am 12.01.2020 von https://apps.who.int/iris/bitstream/handle/10665/44641/9783000606267-ger.pdf?sequence=41&isAllowed=y

Die Autoren

Jörg Holländer, Berufspädagoge im Gesundheitswesen Fachrichtung Rettungswesen B.A., Notfallsanitäter, Heilerziehungspfleger, Fachwirt im Gesundheitswesen und Qualitätsbeauftragter, stellvertretender Schulleiter der BRK-Berufsfachschule für Notfallsanitäter*innen in Würzburg.
Kontakt: Joerg.hollaender@posteo.de

Prof. Dr. habil. Thomas Prescher, Wilhelm Löhe Hochschule Fürth, Professur für Berufspädagogik.
Kontakt: Thomas.Prescher@wlh-fuerth.de

Interessenskonflikt: Die Autoren geben an, dass keine Interessenskonflikte vorliegen.

Fa. Intersurgical GmbH, Sankt Augustin

Vom Notfallatemweg zum Goldstandard – die i-gel® als Intubationskonduit

Schlüsselwörter:
Airwaymanagement
Intubation
i-gel®
EGA, SGA
CICO

Zusammenfassung: *Extraglottische oder supraglottische Atemwege (EGA bzw. SGA) sind seit vielen Jahren nicht mehr aus der Notfallmedizin wegzudenken. In diesem Fallbericht wird die i-gel®-Larynxmaske der Firma Intersurgical als Intubationskonduit in einer „can't intubate"-Situation als Rückfallebene genutzt. Durch den Einsatz eines Bronchoskopes in Kombination mit einem Bougie wird über die i-gel® die sichere endotracheale Intubation durchgeführt.*

EGA oder SGA sind seit Jahren fester Bestandteil der Notfallmedizin. Die einfache Handhabung, auch für ungeübte Anwender, sowie diverse Vorteile gegenüber der Beutel-Masken-Beatmung machen sie zu einer geeigneten Alternative zur endotrachealen Intubation, gerade in einer (außerklinischen) Reanimationssituation [1, 2].

Der Fall

Ein 63-jähriger Patient wird mit dem Verdacht einer Pneumonie vom Rettungsdienst in die zentrale Notaufnahme (ZNA) einer Klinik der Maximalversorgung eingeliefert. Nach entsprechender Abklärung wird der Patient in kardio/pulmonal stabilem Zu-

stand zur weiteren Beobachtung und stationären Therapie auf die innere Normalstation verlegt.
Gegen Morgen findet ihn die diensthabende Pflegekraft vigilanzgemindert im Bett und alarmiert das REA-Team. Im gleichen Moment hat der Patient einen generalisierten Krampfanfall, unter dem es zur Regurgitation und Aspiration kommt. Beim Eintreffen des REA-Teams, bestehend aus einem anästhesiologischen Assistenzarzt, einer Fachpflegekraft A&I sowie einem Rettungsassistenten der inneren Intensiv, präsentiert sich ein postiktaler Patient, mit erloschenen Schutzreflexen und deutlichen Anhaltspunkten für eine erfolgte Aspiration (Erbrochenes im Mundbereich, gurgelnde Atemgeräusche). Der Anästhesist entscheidet sich für die Intubation noch vor Ort, welche problemlos gelingt. Der Patient wird kreislaufstabil und beatmet auf die neurologisch-internistische Intensivstation transportiert, wo er nach 10 Tagen spezifischer Therapie in einem adäquaten neurologischen Zustand erscheint. Händedrücken erfolgt auf Kommando problemlos, Vitalparameter und BGA sind stabil. Der Internist entscheidet sich für die Extubation, welche auch problemlos durchgeführt werden kann. Der Patient erhält eine OHIO-Maske (50 % Aufsatz, 6 l/min) und hält sich hierunter stabil bei einer SpO_2 von 95 %.

Verlauf

Im weiteren Verlauf ergibt sich eine grenzwertige, respiratorische Partialinsuffizienz (pO_2 65 mmHg). Zur Optimierung der Sauerstofftherapie wird eine High-Flow-O_2-Therapie eingeleitet (Maxventuri® der Firma Maxtec, Einstellungen FiO_2 0,5, Flow 55 l/min). Die 45 Minuten später angefertigte Blutgasanalyse zeigt, dass die respiratorische Situation sich verschlechtert hat. Es zeigt sich nun eine ausgeprägte, respiratorische Partialinsuffizenz, mit einem pO_2 von 46,6 mmHg und einer SpO_2 von 86,7 % (➤ Abb. 1).
Der diensthabende Internist entscheidet sich deswegen zu Re-Intubation und maschineller Beatmung. Für die Intubation des 1,80 m großen und 86 kg schweren Patienten werden Midazolam, Sufentanil und Esmeron vorbereitet. Um Blutdruckabfälle abfangen zu können, wird eine Ampulle Akrinor vorbereitet.

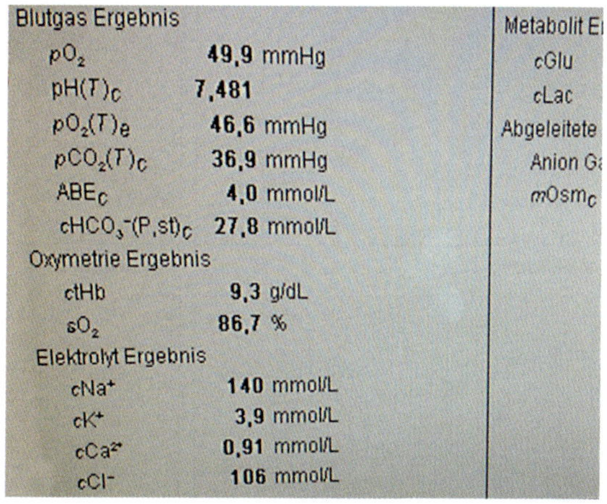

Sebastian Balasus, Uelversheim

Abb. 1 Respiratorische Partialinsuffizenz in der finalen BGA vor der Intubation

Bei der Vorbereitung zur Intubation zeigt der Patient folgende Vitalparameter:
- Blutdruck 110/76 mmHg (arteriell),
- SpO_2 86 %,
- Herzfrequenz 105/min.

Zur Einleitung wird initial 30 µg Sufentanil und 3 mg Midazolam als Bolus verabreicht. Da die Sedierungstiefe nicht ausreichend ist, werden weitere 3 mg Midazolam nachgegeben. Assistierend wurde die Beutel-Maske-Beatmung (BVM) mit Beatmungsbeutel (AMBU Spur II) begonnen. Es zeigte sich eine schwächer werdende Eigenatmung, jedoch keine adäquate Thoraxhebung unter BVM.
Aufgrund des Vollbartes des Patienten, der weiter ausbleibenden Thoraxhebung sowie auch der weiterhin auf niedrigem Level stabilen SpO_2 von 86 % entscheidet sich der Internist zu einem Intubationsversuch.
Die durchgeführte Intubation ist aufgrund starker Schleimansammlung und schwierigen anatomischen Verhältnissen frustran und führt zu einer ösophagealen Fehllage (kein $etCO_2$, deutliches Beatmungsgeräusch im epigastrischen Winkel). Der Endotrachealtubus (ETT) wird daraufhin entfernt und ein weiterer Versuch der BVM gestartet.
Parallel dazu wird die Lagerung des Patienten optimiert (Flextension), der Spatel wird auf einen Macintosh Größe 4 gewechselt und als Backup eine i-gel® Größe 4 (50–90 kgKG) gemäß Herstellerangaben vorbereitet (➤ Abb. 2).
Die BVM bleibt weiterhin inadäquat, selbst unter Optimierung mit Doppel-C-Griff kann keine suffiziente Ventilation erzeugt werden. Bei fallender

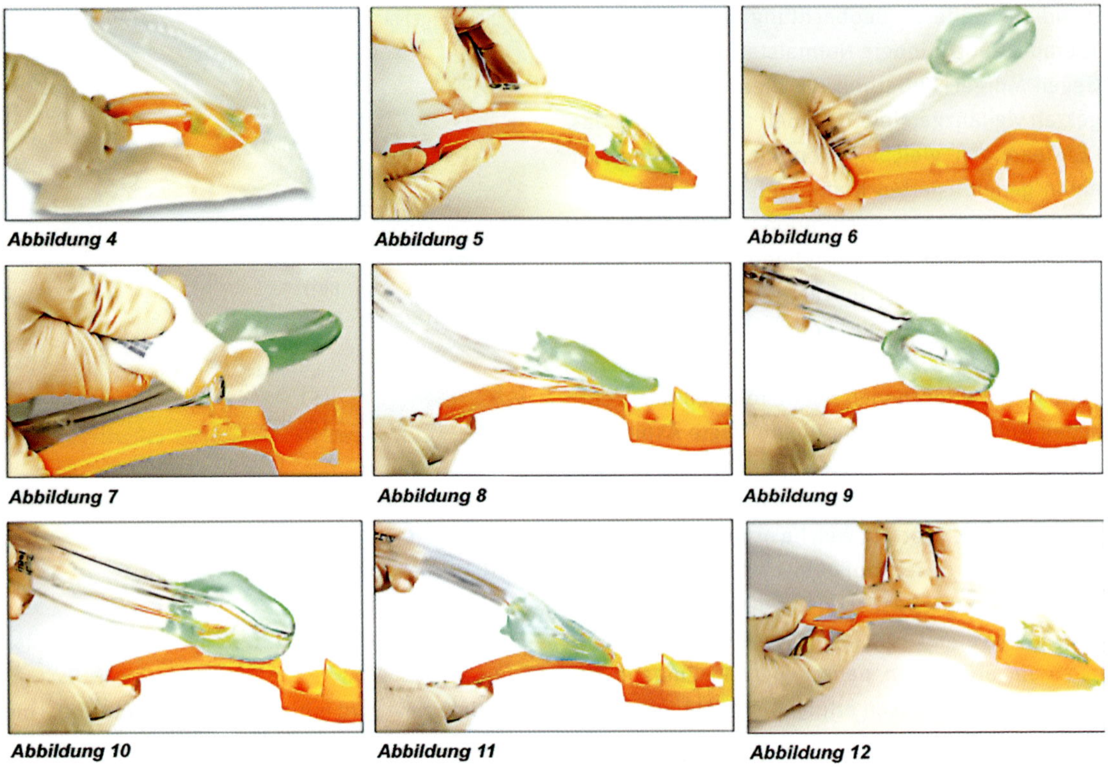

Abb. 2 Vorbereitung der i-gel® gemäß Benutzerhandbuch

Fa. Intersurgical GmbH, Sankt Augustin

SpO_2 (zu diesem Zeitpunkt 74 %) entscheidet man sich zur Flucht nach vorne und gibt weitere 3 mg Midazolam, 30 µg Sufentanil und 50 mg Esmeron.

Bereits zu Beginn des zweiten Intubationsversuches imponiert eine zentrale Zyanose und eine rasch fallende SpO_2. Der zweite Intubationsversuch endet ebenfalls mit einer ösophagealen Fehllage. Zusätzlich tritt plötzlich ein Ventildefekt am Beatmungsbeutel auf, sodass der Patient nun überhaupt nicht mehr beatmet werden kann. Schnellstmöglich wird ein neuer Beatmungsbeutel vorbereitet, jedoch entsättigt der Patient so rapide, dass bei einer SpO_2 von 8 % laut Monitor, einer Herzfrequenz von 30/min und einem Blutdruck von 40/23 mmHg mit der CPR begonnen wird.

Zur Behebung der reversiblen Ursache des A-Problems wird die i-gel® unter CPR eingelegt. Dies erfolgt problemlos. Es zeigt sich eine deutliche Thoraxhebung wie auch ein positives $etCO_2$. Nach 2 Minuten CPR befindet sich der Patient im ROSC und zeigt hierbei eine erste SpO_2 von 90 %.

Der Patient wird an das Beatmungsgerät (Hamilton Galileo) angeschlossen und problemlos beatmet (P-CMV, Frequenz 27/min, p-Kontroll 18 mbar, PEEP 5 mbar, FiO_2 1.0) (➤ Abb. 3).

Da die respiratorische Situation sich stabilisiert hat und man sich gemäß Vortex (nach Nicholas Crimes, www.vortexapproach.org) nun in der grünen Zone befindet, wird das weitere Vorgehen besprochen. Man entscheidet sich zur Um-Intubation über die i-gel®.

Mittels eines 13CH-Bronchoskopes wird die i-gel® so ausgerichtet, dass die Stimmritze exakt mittig vor der Ventilationsöffnung liegt (➤ Abb. 4).

Dies erfolgt unter stetiger Beatmung über die Bronchoskopieöffnung des Swivvel-Adapters an der Gänsegurgel. Nach Zurückziehen der i-gel® um ca. 5 mm liegt die Stimmritze genau mittig. Das Bronchoskop wird entfernt, die Flip-Off-Cap verschlossen und der Patient vor der Um-Intubation präoxygeniert.

Nach einer kurzen Präoxygenierung wird die Flip-Off-Cap wieder geöffnet und ein Bougie (Frova Intubation Catheter, 14 FR, Cook Medical) hierdurch eingeführt (➤ Abb. 5). Dieser wird in eine Tiefe von ca. 40 cm eingeführt, ein „Klackern“ der Trachealspangen ist spürbar, es kommt zu einem „Hard

Stop“-Zeichen – der Bougie lässt sich nicht weiter vorschieben.

Die i-gel® wird nun, bei liegendem Bougie, entfernt und ein vorbereiteter 8.0 ETT über den Bougie vorgeschoben. Die Stimmritzenpassage erfolgt problemlos und der Tubus wird auf einer Zahnreihe von 22 cm gesichert. Der Bougie wird entfernt und die maschinelle Beatmung wieder voll aufgenommen. Ein $etCO_2$ von 47 mmHg, eine gute Thoraxhebung und eine stabile SpO_2 von 96 % bestätigen die korrekte Position des ETT (> Abb. 6).

Die 45 Minuten später durchgeführte BGA zeigt einen respiratorisch stabilen Patienten.

Diskussion

Dieser Fall zeigt nicht nur für das Atemwegsmanagement spannende Diskussionspunkte; auch bezüglich des Crisis Resource Managements (CRM) und der Technik der Narkoseeinleitung gibt es hier durchaus einiges, was man diskutieren sollte.

Letztendlich zeigt sich hier aber, wie problemlos die Einlage eines SGA, auch unter stressigsten Bedingungen, erfolgen kann. Die i-gel® war in diesem Falle eine Teststellung, normalerweise wird ein Larynxtubus der Firma VBM als Back-Up auf dieser Intensivstation genutzt.

Die aktuelle S1-Leitlinie für prähospitales Atemwegsmanagement empfiehlt eine Einlage von 45 SGAs unter Supervision als Mindestvoraussetzung zur Beherrschung der Maßnahme [1]. Hingegen zeigt z. B. Häske et al. [5], dass „low-skilled“ Anwender bereits nach 120 Minuten Training einen SGA in über 90 % der Fälle erfolgreich platzieren können. In diesem Fall wurde die Einlage der i-gel® erstmalig und unter Anleitung durchgeführt.

Die einfache Um-Intubation erfolgte ebenfalls zum ersten Mal nach dieser Technik, zeigt aber, wie problemlos dieses Manöver durch einen zwar in der Bronchoskopie routinierten, im erweiterten Atemwegsmanagement jedoch eher unerfahrenen Anwender durchgeführt werden konnte. Ebenso zeigt dieser Fall die Möglichkeiten, die eine Intubationslarynxmaske bietet. Aufgrund fehlender Bronchoskope in der Präklinik käme für solch ein Manöver nur die „blinde“ Um-Intubation in Frage, mit z. T. sehr geringen Erfolgsaussichten [6].

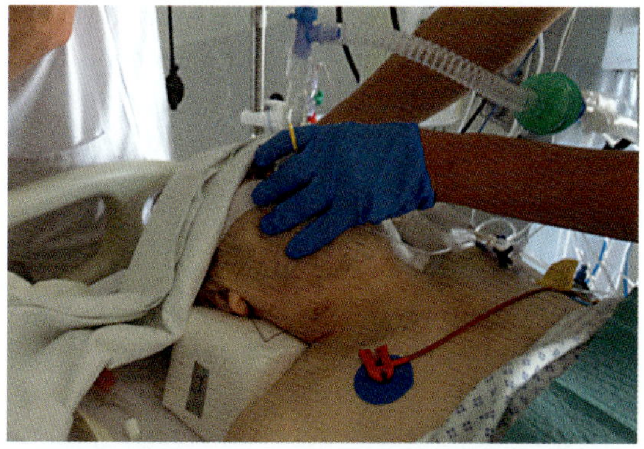

Sebastian Balasus, Uelversheim

Abb. 3 Erfolgreiche Platzierung einer i-gel® Größe 4 und maschinelle Beatmung über Hamilton Galileo. Statt einer Fixierung wird die i-gel® durch die assistierende Pflegekraft gesichert.

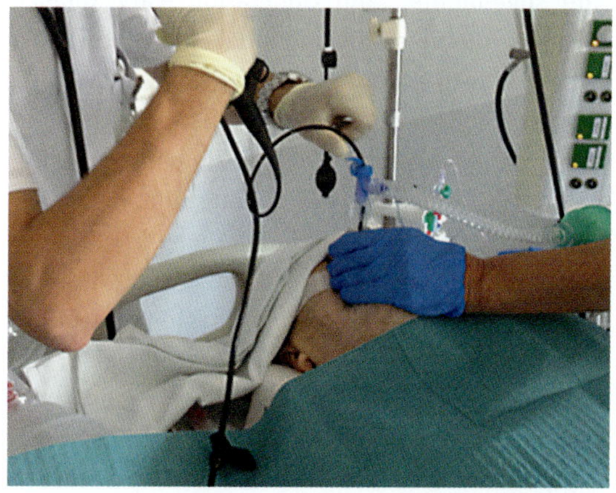

Sebastian Balasus, Uelversheim

Abb. 4 Bronchoskopisch wird die i-gel® genau ausgerichtet. Parallel dazu wird der Patient weiterhin beatmet.

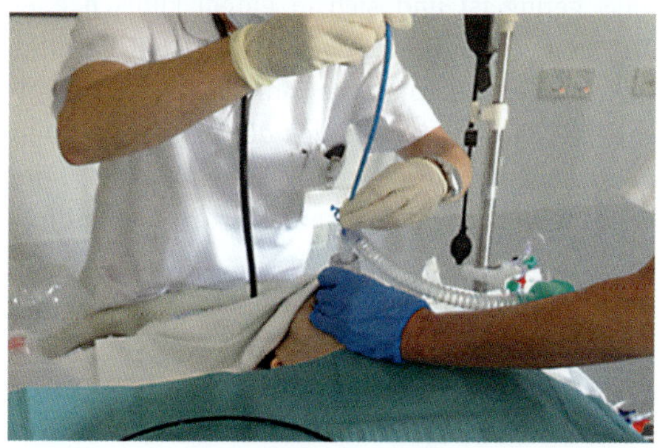

Sebastian Balasus, Uelversheim

Abb. 5 Einbringen des Bougie. Ein „Klackern“ der Trachealspangen und ein „Hard Stop“ zeigen an, dass der Bougie sich in der Trachea befindet.

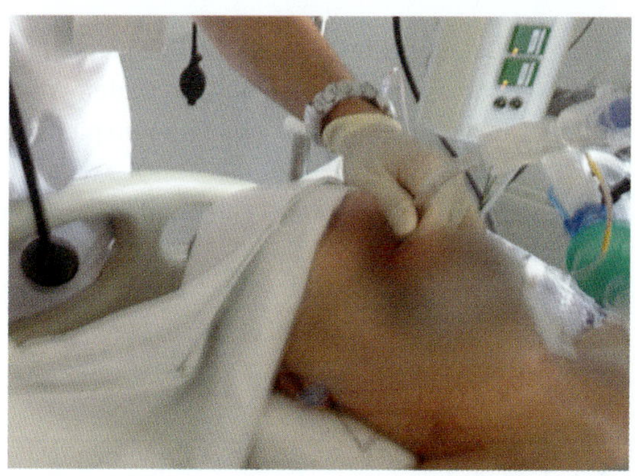

Sebastian Balasus, Uelversheim

Abb. 6 Final eingebrachter ETT, durch $etCO_2$ bestätigt.

Die Um-Intubation in diesem Falle erfolgt nicht nach Herstellerempfehlung. Der Hersteller Intersurgical empfiehlt die direkte Einlage des ETT unter fiberoptischer Sicht. Der ETT wird hierzu auf ein Bronchoskop aufgefädelt und dann, unter Visualisierung der Carina, in die Trachea eingebracht.

Die i-gel® und die Körpertemperatur

Die i-gel®-Larynxmaske der Firma Intersurgical ist eine sogenannte „2nd Generation“-Larynxmaske [3]. Das Alleinstellungsmerkmal schlechthin bei dieser Larynxmaske ist der „non inflatable cuff“, welcher nicht geblockt werden muss. Fälschlicherweise wird als abdichtendes Prinzip häufig eine Reaktion des Materials auf die Körpertemperatur angegeben. Das mag u. a. daran liegen, dass der Werkstoff, aus dem die i-gel® gefertigt wird, zur Gruppe der *thermoplastischen* Elastomere (SEBS) gehört. Oftmals wird hier fälschlicherweise von einem thermo*elastischen* Elastomer gesprochen, was nicht korrekt ist. Materialstudien haben gezeigt, dass die Veränderung unter Temperatureinfluss gering ist und sich in einem klinisch eher nicht relevanten Bereich bewegt [4]. Abdichtendes Prinzip ist die anatomische Formung des Cuffs, welcher wie ein Negativabdruck der laryngealen und perilaryngealen Strukturen zu sehen ist. Durch die Verwendung eines wasserbasierten Gleitmittels werden kleinste Leckagen abgedichtet, und ein leichter Adhäsionseffekt sorgt darüber hinaus zusätzlich für Abdichtung [7].

Quellen

[1] Timmermann A, Böttiger BW, Byhahn C, Dörges V, Eich C, Gräsner JT et al: S1-Leitlinie: Prähospitales Atemwegsmanagement (Kurzfassung), 6–2019, 316–336. https://doi.org/10.19224/ai2019.316

[2] Benger JR, Kirby K, Black S, Brett SJ, Clou, M, Lazaroo MJ, Nolan JP, Reeves BC, Robinson M, Scott LJ, Smartt H, South A, Stokes EA, Taylor J, Thomas M, Voss S, Wordsworth S, & Rogers CA (2018). Effect of a Strategy of a Supraglottic Airway Device vs Tracheal Intubation During Out-of-Hospital Cardiac Arrest on Functional Outcome: The AIRWAYS-2 Randomized Clinical Trial. JAMA, 320(8), 779–791. https://doi.org/10.1001/jama.2018.11597

[3] Cook TM, Woodall N, Frerk C, & Fourth National Audit Project. (2011). Major complications of airway management in the UK: Results of the Fourth National Audit Project of the Royal College of Anaesthetists and the Difficult Airway Society. Part 1: Anaesthesia. British Journal of Anaesthesia, 106(5), 617–631. https://doi.org/10.1093/bja/aer058

[4] Changes in hardness and resilience of i-gel™ cuffs with temperature: A benchtop study.Dingley 2018. Anaesthesia. Wiley Online Library. (o. J.). https://associationofanaesthetists-publications.onlinelibrary.wiley.com/doi/full/10.1111/anae.14300 (letzter Abruf: 15.12.2020)

[5] Häske D, Gaier G, Heinemann N, Schempf B, & Renz JU (2019). Minimal training for first responders with the i-gel™ leads to successful use in prehospital cardiopulmonary resuscitation. Resuscitation, 134, 167–168. https://doi.org/10.1016/j.resuscitation.2018.12.010

[6] Timmermann, A (2011). Supraglottic airways in difficult airway management: Successes, failures, use and misuse. Anaesthesia, 66 Suppl 2, 45–56. https://doi.org/10.1111/j.1365-2044.2011.06934.x

[7] i-gel® supraglottische Atemhilfe. (o. J.). https://de.intersurgical.com/produkte/atemwegsmanagement/i-gel-supraglottische-atemhilfe (letzter Abruf: 16.12.2020)

Der Autor

Sebastian Balasus, Notfallsanitäter, Praxisanleiter, derzeit Dozent an der Franz-Anton-Mai-Schule, Landesschule des Arbeiter-Samariter-Bundes Baden-Württemberg, AHA BLS- und ACLS-Instruktor, FOAM-begeisterter Hobbybastler, Simulant und Puppenspieler, Airwayliebhaber.

Interessenskonflikt: Der Autor gibt an, dass kein Interessenskonflikt vorliegt.

Auf else4.de/emergency finden Sie den zugehörigen Multiple-Choice-Fragebogen mit 10 Fragen zum Artikel sowie weiteren Informationen zur Zertifizierung.

Butylscopolamin
___ mg/ml

Butylscopolamin

Allgemeine Angaben

Handelsname
Buscopan®, BS-ratiopharm®, ...

Wirkstoff
Butylscopolamin

Arzneimittelgruppe
Spasmolytikum (Anticholinergikum)

Dosis Einheit
1 Ampulle – 2 ml – 20 mg Butylscopolamin

Pharmakodynamik

Indikation
Abdominelle Schmerzen mit Koliken ≥ 4

Wirkung
Kompetitiver Antagonist von Acetylcholin an den muskarinergen m-Cholinorezeptoren
Parasympatholytikum
Entkrampfende Wirkung auf die glatte Muskulatur

Nebenwirkung
Tachykardie
Schwindel
Akkomodationsstörungen
Mundtrockenheit
Urtikaria
Flush
Erythem
Pruritus
Blutdruckabfall

Maßnahmen bei Nebenwirkung
Symptomatische Therapie, meist abwartend

Kontraindikationen
Überempfindlichkeit gegen den Wirkstoff
Tachykardie oder Tachyarrhythmie
Myasthenia gravis
Ileus

Interaktion
Keine Interaktion von rettungsdienstlicher Relevanz

Dosierung
20 mg i.v.

Pharmakokinetik

Applikationsweg
i.v.
i.o.

Applikationsgeschwindigkeit
langsam

Wirkeintritt	Wirkdauer	Halbwertzeit
20–120 Sekunden	3–4 Stunden	5 Stunden

Eliminationsweg
Verstoffwechselung über die Leber
Ausscheidung über die Nieren

Lagerungshinweise
Keine besonderen Lagerungshinweise

Besonderheiten
Butylscopolamin gehört zu den Anticholinergika und ist somit mit dem Wirkstoff Atropinsulfat artverwandt. Im Gegensatz zu Atropinsulfat ist Butylscopolamin allerdings nicht ZNS-gängig

Bei Nierenkoliken soll nach den aktuellen Leitlinien keine Therapie mit Butylscopolamin erfolgen, da in normalen Dosierungen keine relevante Wirkungen auf die Ureteren besteht.

colourbox.com

Toolbox und DIY: Kostengünstig Simulationen aufzeichnen

Simulation ist heutzutage nicht mehr aus der modernen Aus- und Fortbildung wegzudenken. Auch wenn Simulatoren immer günstiger werden, bleibt ein komplettes System immer noch eine größere Investition. In der FOAM-Szene gibt es einige Do-it-yourself-Tipps zum SALAD, Cric und anderen Trainern im Eigenbau. Für das Audio/Video-System bleiben jedoch meist nur die kommerziellen Produkte. Doch auch hier lohnt sich die Beschäftigung mit dem Thema und der anschließende Eigenbau.

Schlüsselwörter
Audio/Video-System
Debriefing
DIY
Simulationstraining
CRM (Crew bzw. Crisis Ressource Management)

Die Planung steht, der Entschluss ist gefallen – Ja, wir simulieren! Viele Firmen bieten verschiedenste Simulatoren, von klein bis groß, von günstig bis Luxusmodell. Mittlerweile findet sich für jeden Geldbeutel und jedes Setting ein Simulator. Aber Moment! Was mache ich eigentlich mit dem Rest der Technik? Was kostet ein System zum Aufzeichnen der Simulation und zum Nachbesprechen? Und wie funktioniert das?

Was benötige ich überhaupt?

Am Anfang steht sicherlich die Frage – was benötige ich? Möchte ich drei verschiedene Perspektiven plus EKG aufzeichnen? Oder reicht mir *ein* Blickwinkel plus *eine* Bild-in-Bild Lösung?

Fragt man bei kommerziellen Herstellern wie z. B. Laerdal, SimStation oder Nordic Simulators an, kommt man für die AV-Technik zusätzlich noch auf einen ähnlichen Preis wie für den Simulator.

Sich selbst in die Thematik einzuarbeiten kann mitunter langwierig werden, kommen doch verschiedene und sehr spezielle Bereiche aus Videotechnik, Tontechnik, Veranstaltungstechnik, Überwachungstechnik und Netzwerktechnik zusammen. Hier ein Nachschlagewerk zu finden, in dem alle diese Bereiche besprochen werden, ist scheinbar unmöglich.

Nach langem Ausprobieren, viel falsch investiertem Geld und vielem Kopfzerbrechen habe ich eine DIY-Lösung gefunden, die bestimmt vielen beim Start im Bereich Simulation weiterhelfen kann. Und das Komplettsystem liegt tatsächlich unter 500 Euro!

Die einzelnen Bereiche des Aufbaus:

- Kameras und Videoaufnahme
- Implementierung des Patientenmonitors
- Mikrofon und Audiosignalleitung
- Digitale Speicherung

Abb. 1 Dome-Kamera mit angeschraubten Saugnäpfen, zur einfachen Anbringung an glatten Oberflächen

Sebastian Balasus, Uelversheim

Kameras und Videoaufnahme

Der Markt gibt eine Vielzahl von Optionen her: Wireless-Kameras via IP, mit Nachtsichtfunktion, HD oder nicht HD. Da wir es einfach halten wollen, nehmen wir ein ganz normales, kabelgebundenes CCTV-System mit sogenannten Dome-Kameras. Damit aus jedem RTW ein Simulations-RTW gemacht werden kann, werden die Dome-Kameras mit Saugnäpfen versehen. Auf diese Weise lassen sie sich bequem an der entsprechenden Position im Patientenraum platzieren (> Abb. 1).

Zu diesem CCTV-System gehört auch ein sogenannter HD-Recorder, welcher meist ohne interne Festplatte angeboten wird. Diese benötigen wir auch nicht, da wir direkt in den eigenen Computer aufzeichnen. Diese Systeme liegen, je nach Qualität und Anzahl der Kameraeingänge, bei ungefähr 100–300 Euro.

Haben wir die Kamera in unserem RTW mithilfe der Saugnäpfe installiert, müssen wir nun auch die Kabel verlegen. Mitgeliefert werden bei unserem Set jeweils vier 10m-Videokabel mit BNC-Steckern und im Kabel integrierter Stromversorgung, welche separat angeschlossen werden muss.

Die Kabel müssen unbedingt so gesichert sein, dass man nicht darüber stolpert – das heißt: sauber abkleben (am schönsten mit weißem Gaffa-Tape) und nach Möglichkeit immer den kürzesten Weg nach draußen wählen. (Habe ich also eine Kamera über dem Kopfteil der Trage, so sollte ich das Kabel durch das Dachfenster nach außen legen). Alle drei Kameras (drei Stück, weil wir an vierter Stelle im Splitscreen ja den Patientenmonitor haben), laufen im HD-Recorder zusammen. Jetzt sollte ein Monitor am VGA-Ausgang angeschlossen werden, damit wir die Kameraposition kontrollieren und die Ansicht einstellen können (> Abb. 2). Den Stromverteiler an das Netzteil anschließen und alle Kameras mit Strom versorgen, den HD-Recorder starten und gemäß der Bedienungsanleitung den 4-fach-Splitscreen einstellen. Nun sollten die drei Kameras auf den Positionen 1–3 erscheinen können und so optimal ausgerichtet werden.

Einen großen Schritt haben wir damit schon einmal geschafft. Weiter geht's mit dem Patientenmonitor.

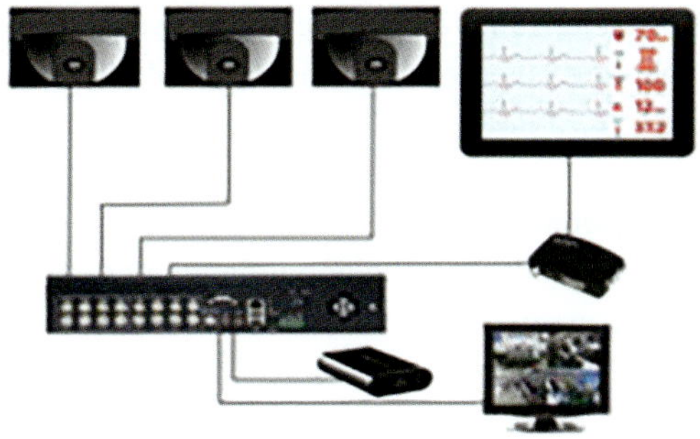

Sebastian Balasus, Uelversheim

Abb. 2 Schematische Darstellung der Zusammenschaltung der einzelnen Komponenten für die Videoaufzeichnung

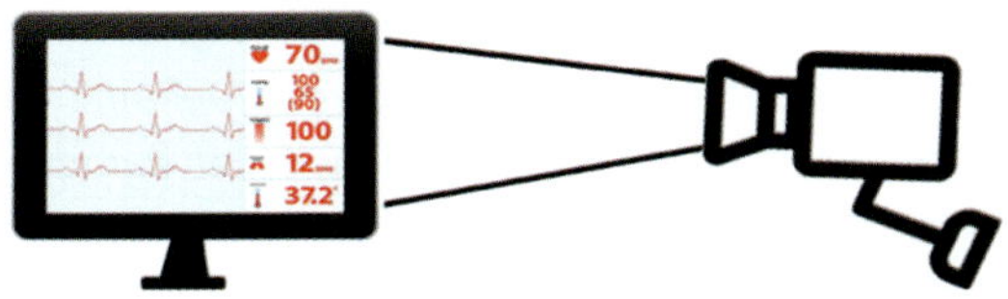

Sebastian Balasus, Uelversheim

Abb. 3 Version Nummer 1, um das Monitorbild in den HD-Recorder zu bekommen – 8-Zoll-TFT mit der vierten Kamera, aufgezeichnet in einer „Blackbox"

Implementierung des Patientenmonitors

Nun ist die große Frage: Wie erhalte ich im Splitscreen eine Darstellung des Patientenmonitors? Ich habe mit einer „Blackbox" angefangen, in der ein 8-Zoll-Monitor fest vor einer CCTV-Kamera montiert war (> Abb. 3). Auf diesen Monitor habe ich das Patientenmonitorsignal gelegt (z.B. einfach vom iPad eine VGA-Leitung zu dem Monitor in der Blackbox legen) und das Monitorbild mit einer vierten CCTV-Kamera aufgezeichnet, da ich mir anders

Sebastian Balasus, Uelversheim

Abb. 4 Das Setting in der Regie. Auf dem linken Monitor ist das Live-Bild aus dem HD-Recorder. In der Mitte hinten steht der Laerdal-Monitor, dessen Oberfläche auf ein iPad (Mitte vorne) gespiegelt wird. Der Laptop rechts ist der Laptop mit der Elgato-Software und zeichnet das Szenario auf (Übertragung in den Debriefing-Raum wurde hier ebenfalls mit Teamviewer realisiert).

nicht weiterzuhelfen wusste. Mittlerweile gibt es elegantere Lösungen, welche nicht wirklich teuer sind.

Kabelgebunden

Fangen wir mit der kabelgebundenen Variante an. Wir haben unseren Monitor mit einer Defi-Simulation. (Ich benutze einen Laerdal SimMan ALS mit Monitor. Dieser hat in der Docking-Station einen VGA-Ausgang, bei einem iPad müsste man einen VGA-Adapter benutzen.) Das Bild kann ich über ein VGA-Kabel abgreifen. Jetzt stehe ich jedoch vor dem Problem, dass ich ein VGA-Signal habe und das im Splitscreen mit angezeigt bekommen möchte: Also muss das VGA-Signal in den Kamera-Eingang. Nun habe ich aber vom Monitor kommend ein VGA-Kabel, am HD-Recorder habe ich jedoch einen BNC-Eingang. Das Signal muss also gewandelt werden und zwar mit einem aktiven Signalwandler. Hier habe ich die Option, ein VGA-Signal in ein AV-Signal umzuwandeln. AV wird mit den 3-Cinch-Steckern übertragen (rot/weiß für Audio, gelb für Video). Jetzt habe ich das Signal so gewandelt, dass ich kein VGA-Kabel mehr habe (und auch kein VGA-Signal mehr), sondern einen Cinch-Stecker mit einem Video-Signal. Für BNC-Anschlüsse gibt es für kleines Geld Adapter, die auf der einen Seiten einen BNC-Bajonett-Anschluss haben, auf der anderen Seite einen Cinch-Stecker. Somit kann ich nun das Video-Signal des AV-Ausganges am Signalwandler über ein Cinch-Kabel an den Videokameraeingang Nummer 4 anschließen.

Bezüglich der Videotechnik ist das nun auch schon das fertige Setting. Ich kann nun bereits drei Kameras und den Monitor sehen.

Die Wireless-Variante

Wer es etwas luxuriöser haben möchte (und luxuriös bezeichnet hier einen mobilen Patientenmonitor, ohne Kabelanbindung), der kann dies mit der App „Teamviewer" realisieren (> Abb. 4).

Das Grundsetting bleibt bestehen, nur nutze ich ein iPad in einer DART-Sim-Tasche. Der Laerdal-Monitor, der kabelgebunden mit dem HD-Recorder verbunden ist, wird auf das iPad gespiegelt. Der Vorteil der Teamviewer-App ist, dass ich über das iPad den gespiegelten Monitor steuern kann: Alarme quittieren, 12-Kanal-EKG schreiben, Blutdruck messen – alles lässt sich über das iPad steuern.

Somit habe ich ein „frei bewegliches " EKG, welches dennoch in der Splitscreen-Ansicht angezeigt wird (> Abb. 5).

Natürlich funktioniert das auch mit dem Laerdal- oder Gaumard-Monitor; eigentlich mit jedem Monitor, der auf einem Rechner läuft und bei dem ich die Teamviewer-App installieren kann. Allerdings muss man hier darauf achten, dass entweder ein Hotspot oder ein lokales Netzwerk benötigt wird.

Mikrofon und Audiosignalleitung

Ein Bereich, der mir selbst wieder vertrauter ist als Videotechnik und Netzwerk. Töne über Kabel in ein analoges (!) Mischpult reinbekommen und verteilen – das kenne ich, damit habe ich keine Probleme. Doch es stellt sich zunächst die grundsätzliche Frage: Was will ich wie lösen? Möchte ich ein Headset-Funk-System haben oder reicht mir ein Raummikrofon? Möchte ich nur die Teilnehmer aufnehmen oder will ich über das System auch Geräusche einspielen?

Fangen wir hier einfach mal an. Ein kleiner Mixer kostet kaum Geld und wenn ich wirklich nur ein Mikrofon in den Raum stellen möchte, um das Szenario akustisch aufzuzeichnen, reicht so etwas auch wirklich aus. Für solch eine „Basislösung"

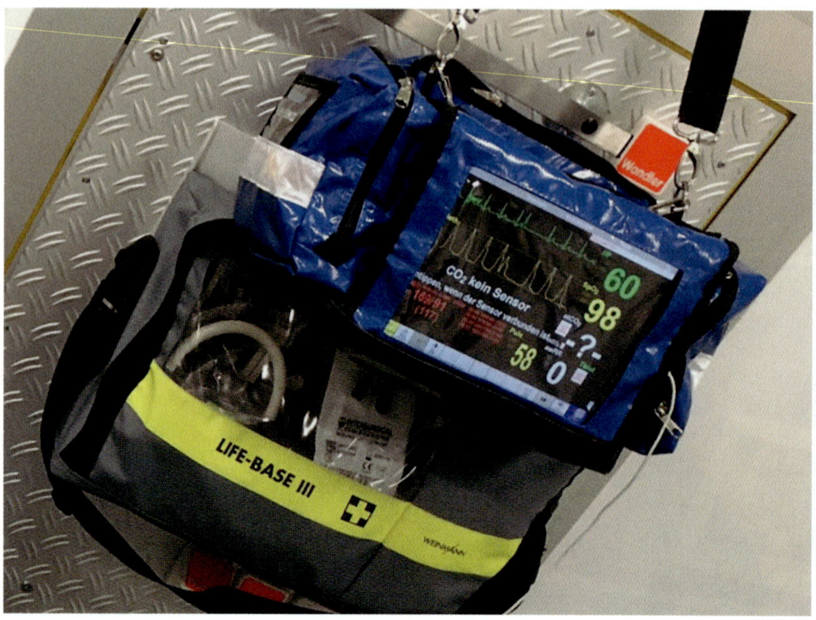

Sebastian Balasus, Uelversheim

Abb. 5 Der gespiegelte Monitor im RTW. Das iPad ist in einer DART-Sim-Tasche und erlaubt durch Teamviewer den vollen Zugriff auf alle Funktionen des Monitors, kann aber auch aus dem RTW mitgenommen werden.

reicht ein Mikrofon-Eingang (XLR – das ist dieser runde mit drei Löchern drin), ein Hauptausgang, ein Kopfhörerausgang. Häufig (und auch bei mir) sieht man ein Behringer Eurorack 1202 in den Schränken der A/V-Anlage in der Regie. Dieser hat mehrere Eingänge und auch mehrere Ausgänge (wenn man z. B. mit mehreren Headsets arbeitet oder auch Geräusche im Szenario einspielen möchte). Die Behringer-Mixer haben keinen High-Fidelity-Ruf, aber wir wollen Features und keine Studioqualität. Deswegen ist das Eurorack 1202 oft zu finden – viele Features, durchschnittliche Audioqualität und günstiger Preis.

Über sogenannte „AUX"-Kanäle kann man den Sound nicht nur über die regulären Ausgänge (Stereo-Output) ausgeben, sondern separat über den AUX SEND. So kann ich z. B. in Kanal 5 ein Mikrofon einstecken. Den Hauptlautstärkeregler (meist ein Fader, ganz unten im Kanalzug, > Abb. 6) lasse ich unten, dafür drehe ich den AUX-Regler lauter und habe an dem AUX SEND einen aktiven Lautsprecher angeschlossen. So kann ich die Voice Of God (VOG) im Simulationsraum über das Mischpult steuern (> Abb. 7).

Um etwas Atmosphäre zu erzeugen (z. B. Straßenlärm, Geräusche einer Intensivstation, Restaurantgeräusche usw.) reicht meist aber auch ein Smartphone oder Tablet, welches an einen Bluetooth-Lautsprecher angeschlossen ist. YouTube ist eine reichhaltige Ressource für solche Hintergrundgeräusche (> Abb. 8).

Aber wir gehen zurück an unser einfaches Setting mit nur einem Mikro. Ja, es gibt verschieden Mikrofone mit verschiedenartiger Charakteristik des Aufnahmebereiches. So wird dieser z. B. Kugel, Niere oder Superniere genannt, je nachdem, welches Mikrofon man nutzt. Um es zu reduzieren und praxisbezogen zu halten, sei der Unterschied zwischen dynamischem und Kondensatormikrofon erwähnt, mehr aber der Einfachheit halber auch nicht.

Dynamische Mikrofon sind diese Art von Mikrofonen, die wir bei Live-Konzerten in der Hand des Frontmannes bzw. der Frontfrau sehen. Dynamische Mikrofone sind robust, benötigen keinen Strom und sind nicht sonderlich empfindlich für Umgebungsgeräusche. Somit ideal für die Liveanwendung.

Kondensatormikrofone sind die Mikrofone, die man in Tonstudios findet, dort meistens in Ge-

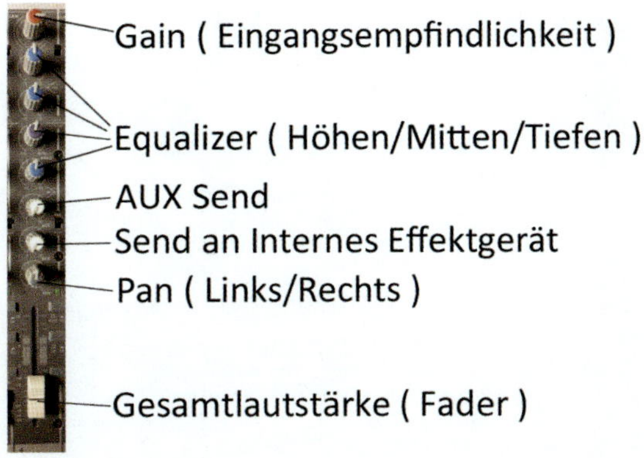

Sebastian Balasus, Uelversheim

Abb. 6 Aufbau eines sogenannten Kanalzuges

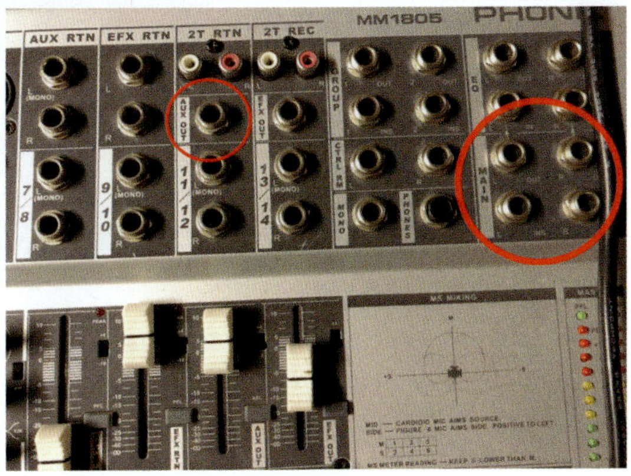

Sebastian Balasus, Uelversheim

Abb. 7 Output-Sektion eines Mischpultes. Für die Aufzeichnung kann der Main Output genutzt werden, über AUX OUT können z. B. Lautsprecher autark angesteuert werden, für die Nutzung als VOG.

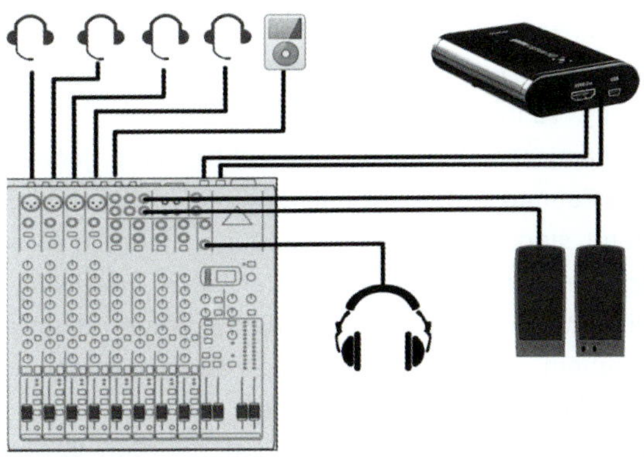

Sebastian Balasus, Uelversheim

Abb. 8 Schematische Darstellung des Audio-Set-up, mit vier Headsets und einem Audioplayer zum Einspielen von Hintergrundgeräuschen sowie den Lautsprechern für Hintergrundgeräusche am AUX SEND.

Sebastian Balasus, Uelversheim

Abb. 9 Kondensatormikrofon von Behringer, welches ich verwende. Als Raummikrofon vollkommen ausreichend und vom Preis her eher in der unteren Klasse angesiedelt.

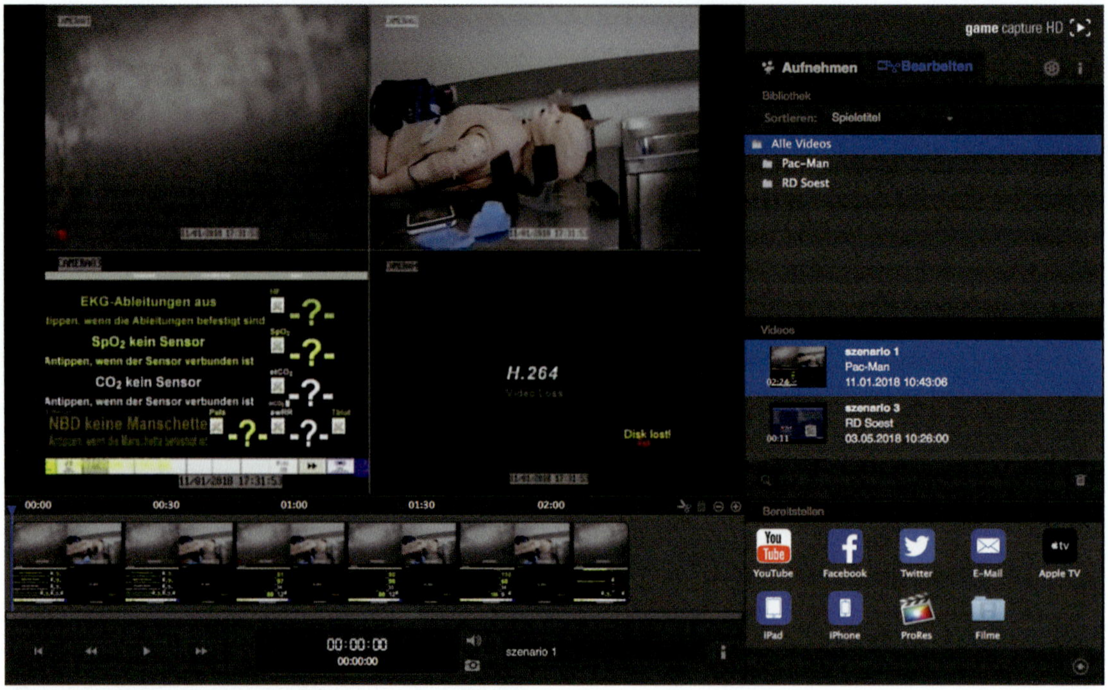

Abb. 10 Die Oberfläche der Elgato Capture Software

Sebastian Balasus, Uelversheim

sangskabinen stehen und diesen charakteristischen Poppschutz (das Runde, mit Stoff bespannte Ding zwischen Mikro und Sänger) haben. Hier zeigt sich auch schon der Unterschied – Kondensatormikrofone sind supersensibel, was Geräusche angeht. Kondensatoren benötigen auch eine Stromversorgung. Der Strom wird durch das Mikrofonkabel geleitet und entsteht am Mixer (wenn dieser die Möglichkeit hat, sogenannte „Phantomspannung" zu liefern) (> Abb. 9).

Dynamische Mikrofone sind recht günstig, jedoch als Raummikrofon ungeeignet. Kondensatormikrofone sind ein wenig kostspieliger, jedoch dank zahlreicher No-Name-Hersteller auch erschwinglich. Wir wollen ja keine High-End Audio-Aufnahme zaubern, sondern einfach nur alles mitbekommen. Im RTW könnte das so aussehen:

Das Kondensatormikrofon wird an der Haltestange über der Trage mit Gaffa-Tape fixiert, das XLR-Kabel eingesteckt, dann muss man am Mixer auf Kanal 1 die Phantomspannung einschalten und das andere Ende des XLR Kabels vom Mikrofon einstecken. Drehe ich nun die Regler hoch, höre ich, was im RTW geschieht. Über den Kopfhörerausgang kann ich entweder einen Kopfhörer in der Regie anschließen oder aber aktive PC-Lautsprecher, je nach persönlichen Vorlieben. Den Hauptausgang nutze ich für die Aufzeichnung des Szenarios auf Festplatte und für das spätere Debriefing bzw. für die anderen Teilnehmer im Debriefing-Raum.

Digitale Speicherung

Was können wir nun mit unserem System alles leisten? Wir zeichnen das Szenario aus drei Perspektiven auf und sehen im Splitscreen an vierter Stelle den Patientenmonitor.

D. h. eigentlich zeichnen wir noch nicht auf, wir sehen das alles erst einmal an unserem Monitor, der in der Regie steht und via VGA-Kabel an den HD-Recorder angeschlossen ist. Wir hören alles, was im Szenario geschieht, entweder über Kopfhörer oder über kleine, aktive Lautsprecher. Super! In der Regie sind wir glücklich und können arbeiten. Jetzt möchten wir das Ganze aber noch aufzeichnen und den anderen Teilnehmern, die sich das Szenario nur anschauen, zur Verfügung stellen. Den VGA-Ausgang des HD-Recorders schließen wir ja an den Monitor in der Regie an, damit wir alles mitverfolgen können, was im Szenario geschieht.

Ich gehe jetzt davon aus, dass der HD-Recorder einen oder mehrere weitere Ausgänge besitzt (z. B. HDMI, Video Out etc.). Ich nutze den Video Out (erkennbar meistens an einem gelben Cinch-Stecker) und möchte das analoge Signal jetzt in meinen Rechner bekommen, damit ich dies aufzeichnen und an einen Beamer anschließen kann. Ebenso muss ich Audio und Video zusammenführen.

Eine einfache und günstige Lösung ist, mit einer Capture Card zu arbeiten. Ich habe eine Elgato HD Capture Box, über die ich die Signale in den Rechner reinbekomme. Die Box wird eigentlich von Gamern genutzt, um ihre Spiele von Playstation und Co. aufzuzeichnen und z.B. auf Youtube zu streamen. Auf der einen Seite hat die Box einen HDMI- und AV-Eingang, auf der anderen Seite einen USB-Anschluss.

Das Videosignal des HD-Recorders wird mit dem gelben Cinch-Eingang der Capture Box verbunden, rot und weiß sind die Eingänge für den Sound. Hier wird der Stereo-Mix des Mischpultes angeschlossen. Es kann sein, dass man dafür eine Klinke auf dem Cinch-Kabel benötigt oder ein XLR auf Cinch-Kabel. Das ist abhängig von eurem Mischpult.

Zuvor muss noch die Capture-Software von Elgato installiert werden. Diese wird genutzt, um das Signal aufzuzeichnen (> Abb. 10).

Wenn alles miteinander verbunden ist, erscheint auf eurem PC das Bild vom HD-Recorder, und ihr hört den Sound aus dem Mischpult. Wundert euch nicht – das Signal ist zeitverzögert, aber wir haben ja auch einiges an Wandlung hinter uns.

Wenn ihr jetzt noch Beamer und Lautsprecher an den Computer anschließt, können die Teilnehmer sehen und hören, was im Simulationsraum vor sich geht. Ich habe übrigens den Computer zum Aufzeichnen im Debriefing-Raum stehen. Die Elgato Capture Box ist bei mir in der Regie und mit einem 20m-USB-Kabel mit dem Rechner im Debriefing-Raum verbunden. In einer Kameraperspektive lasse ich immer die Uhrzeit anzeigen, so kann ich diese Zeit als Referenz nehmen und mir entsprechend Notizen mit Zeitangaben machen, wenn es etwas zum Besprechen gab.

Kosten für ein selbstgebautes System:

• CCTV System (z.B. von der Firma ZOSI)	ca. 90 €
• Mischpult (z.B. von der Firma Pronomic)	ca. 50 €
• Kondensatormikrofon (z.B. von der Firma Behringer)	ca. 90 €
• Elgato HD Capture Box	ca. 160 €
• Kabel (XLR, Klinke, Chinch, VGA)	ca. 50 €
• Signalwandler (z.B. von der Firma Leicke)	ca. 20 €

= insgesamt ca. 460 €

Fazit

Simulation ist in aller Munde. Nur reicht das Erlebnis „Full Scale"-Simulator nicht aus. Auch das Debriefing, unterstützt durch Audio- und Videoaufzeichnung, das Einspielen von Geräuschen, ein Raum ohne Instruktor, nur „der Patient und ich" sind Dinge, die eine Simulation erst abrunden. Zusätzlich zu einem hochwertigen und strukturierten Debriefing natürlich. Auch wenn dieses System Einschränkungen hat (z.B. kann keine Kamera im Debriefing einzeln vergrößert werden), bietet es die Möglichkeit, für kleines Geld eine AV-Anlage zu erstehen, die ihren Dienst tut.

Der Autor

Sebastian Balasus, Notfallsanitäter, Praxisanleiter, derzeit Dozent an der Franz-Anton-Mai-Schule, Landesschule des Arbeiter-Samariter-Bundes Baden-Württemberg, AHA BLS- und ACLS-Instruktor, FOAM-begeisterter Hobbybastler, Simulant und Puppenspieler, mit Wurzeln in der Tonstudiotechnik.

Lukas Lehmann, Wardenburg

Deutlich Luft nach oben? Unterwegs mit dem Gemeinde-notfallsanitäter in Oldenburg

Schlüsselwörter:
Gemeindenotfallsanitäter
Alternative Versorgungspfade
Niederschwellige Rettungsdiensteinsätze
Rettungsdienst Stadt Oldenburg
Großleitstelle Oldenburger Land

Zusammenfassung: *Überforderung, Hilflosigkeit, erhöhtes Anspruchsdenken, Dienstleistungsgesellschaft – dies sind Begrifflichkeiten, denen sich mittlerweile auch der Rettungsdienst stellen muss und das in einem nicht unerheblichen Maße. Um nicht nur diesem Problem zu begegnen, sondern auch der stetigen Zunahme niederschwelliger Notfälle Herr zu werden und damit dem alljährlichen Aufrüsten von Rettungsmitteln und Personalressourcen Einhalt zu gebieten, sind mittlerweile alternative Versorgungsmöglichkeiten entwickelt worden. Eine dieser Alternativen ist der Gemeindenotfallsanitäter.*

Der folgende Einblick in den Arbeitsalltag und das Tätigkeitsfeld eines Gemeindenotfallsanitäters kann die Diskussion anregen, inwieweit ein erweitertes Einsatzspektrum und größere Handlungsmöglichkeiten das Potenzial dieses Berufsbildes ausnutzen und zu einer Entlastung des Notfall-Rettungsdienstes beitragen können.

Das Projekt des Gemeindenotfallsanitäters läuft derzeit bundesweit in drei von sechs an die Großleitstelle Oldenburger Land angegliederten Kommunen (Ammerland, Cloppenburg sowie die Stadt Oldenburg). Darüber hinaus ist es im Landkreis Vechta installiert. Der Landkreis Vechta verfügt über eine eigene Leitstelle, sodass man eine zweite Referenzleitstelle integriert hat. In allen Gebietskörperschaften ist an 365 Tagen im Jahr jeweils ein Fahrzeug im 24h-Betrieb im Einsatz. Die Projektphase startete gemeinschaftlich am 02.01.2019 und wurde inzwischen bis zum Jahresende 2021 verlängert. Seither wurden in allen vier Landkreisen insgesamt 5.691 Einsätze abgearbeitet – allein hiervon entfallen auf die Stadt Oldenburg 2.549 Einsätze, was einem prozentualen Anteil von ca. 45 % entspricht.

Die im Westen Niedersachsens gelegene Universitätsstadt Oldenburg hat ca. 170.000 Einwohner aus rund 150 Herkunftsländern und ist hinter Braunschweig und Hannover die zurzeit drittgrößte Stadt Niedersachsens. Zur Stadt Oldenburg gehören u. a. ca. 15.500 Gewerbebetriebe, ein Binnenhafen sowie die Carl-von-Ossietzky-Universität mit ungefähr 16.000 Studierenden.

Das Team der Gemeindenotfallsanitäter in der Stadt Oldenburg setzt sich aktuell aus sieben Kollegen zusammen, die alle über eine mehrjährige Berufserfahrung als Notfallsanitäter verfügen. Einige von ihnen sind bereits seit mehreren Jahrzehnten im Rettungsdienst tätig und können für Ihre Tätigkeit auf einen hohen Erfahrungsschatz zurückgreifen. Vereinzelt verfügen die Mitglieder über eine zusätzliche Berufsqualifikation, wie z. B. Gesundheits- und Krankenpfleger, über Weiterbildungen, wie organisatorischer Leiter RD oder Praxisanleiter, oder sie engagieren sich seit mehreren Jahren im Rahmen internationaler Kurssysteme.

Alarmiert wird der Gemeindenotfallsanitäter in Oldenburg ausschließlich durch die Großleitstelle Oldenburger Land (GOL). Es werden ihm vorwiegend niederschwellige Einsätze der Kategorie NACA I und II zugeteilt, d. h. Einsätze, bei denen nach Einschätzung des Disponenten anhand des Meldebildes primär keine vitale Gefährdung des Patienten vorliegt und vermutlich auch keine Hospitalisierung erforderlich sein wird. First-Responder-Einsätze gehören ebenso zum Einsatzspektrum, stellen aufgrund einer ausreichenden Einsatzmitteldichte in der Stadt Oldenburg bisher allerdings eher eine Minderheit dar (seit Beginn 2020 ca. 3,8 %).

Die beschriebenen Fälle sollen einen Überblick über das aktuelle Einsatzspektrum geben. Da der Fokus nicht auf einer detaillierten Beschreibung von Herangehensweisen, Untersuchungen und Behandlungen liegt, werden im Folgenden lediglich Teilaspekte der Patientenversorgungen aufgeführt. *Es sei zudem darauf hingewiesen, dass es sich nachfolgend auch um Einsätze während der Corona-Pandemie handelt. Einsätze im Rahmen eingeleiteter Pandemiestufen wurden ausschließlich mit entsprechender Schutzkleidung absolviert. Der Einfachheit halber wird dies im weiteren Verlauf jedoch nicht weiter ausgeführt.*

Die Einsatz-Fotos stammen aus Vor-Corona-Zeiten.

Fall 1: Einsatzstichwort: „Hypertonie, Übelkeit, Schwindel, w, 82 J."

Der Einsatzort ist aufgrund der zentralen Lage bereits nach 5-minütiger Anfahrt erreicht. Bei der Patientin handelt es sich um eine 82-jährige alleinstehende Dame, die den Rettungsdienst schon häufiger angefordert hat – teilweise mehrmals am Tag, vereinzelt sogar mehrmals in einer Schicht. Vor der Einführung des Gemeindenotfallsanitäters hatte hierzu jedes Mal ein Rettungswagen entsandt werden müssen.

Die Patientin stellt das gesamte medizinische Personal der Stadt seit Langem vor eine herausfordernde Aufgabe. Stimmungsschwankungen, eingeschränktes Vertrauen gegenüber nichtärztlichem Personal, Verweigerung von Untersuchungen und mangelnde Compliance, das ist nur ein Teil der Aspekte, die es im Rahmen der Hilfeersuche zu berücksichtigen gilt. Das präklinische Eingangsszenario zeigt dabei immer ein ähnliches Bild, so auch an diesem Samstagvormittag: Die Haustür zur Wohnung im 1. OG ist bereits einen Spalt weit geöffnet. Die Patientin sitzt auf einem Sessel, der sich im zentralen Flur ihrer Wohnung befindet. Sie ist wach, emotional erregt, zeigt Spontanbewegungen

Abb. 1 Alle notwendigen Gerätschaften und Materialien sind griffbereit.

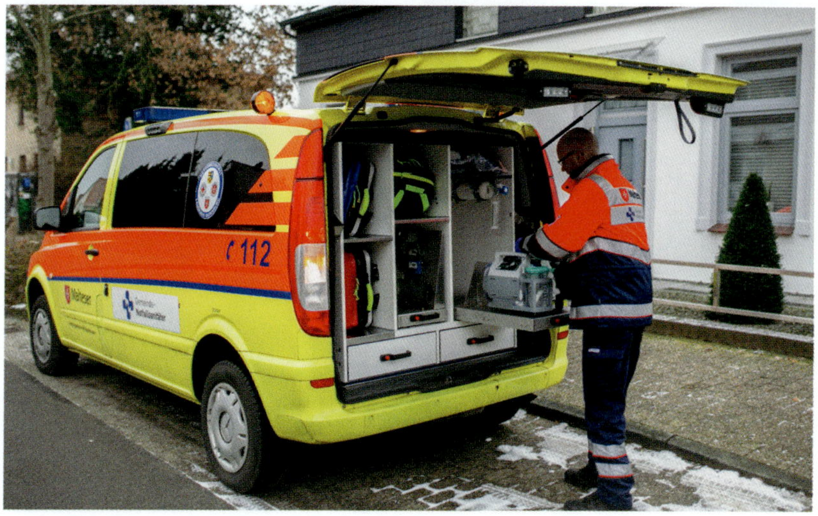

Lukas Lehmann, Wardenburg

und reagiert adäquat auf den eintreffenden Gemeindenotfallsanitäter. Die Frau beklagt, wie so oft, einen hohen Blutdruck, den sie selbst misst, sowie einen Drehschwindel und Übelkeit. Die Messung des Blutdrucks mithilfe ihres Messgerätes (mit Oberarmmanschette) habe einen Wert von 180/90 mmHg ergeben, was sie stark beunruhige. Die Untersuchung anhand des ABCDE-Schemas ergibt folgenden Befund:

- Die Inspektion der Mundhöhle mittels Pupillenleuchte zeigt rosige, feuchte Schleimhäute.
- Bei der Auskultation beider Lungenflügel lassen sich keine pathologischen Atemgeräusche feststellen – beide Lungen sind frei.
- Das AZV erscheint ausreichend und die AF normfrequent.
- Am Handgelenk kann ein kräftiger und regelmäßiger Puls getastet werden.
- Auch die Herzfrequenz scheint im Normbereich zu liegen.
- Die Haut an beiden Unterarmen ist warm und trocken.
- Die Pupillen sind isokor und reagieren beidseits auf Lichteinfall. Die Patientin wirkt zeitlich und örtlich orientiert.
- Eine kurze (Blick-)Inspektion der Extremitäten, sowie von Rumpf und Bauch, ergeben keine weiteren Auffälligkeiten.
- Die Patientin befindet sich körperlich in einem normosomen Ernährungszustand und normalem AZ.

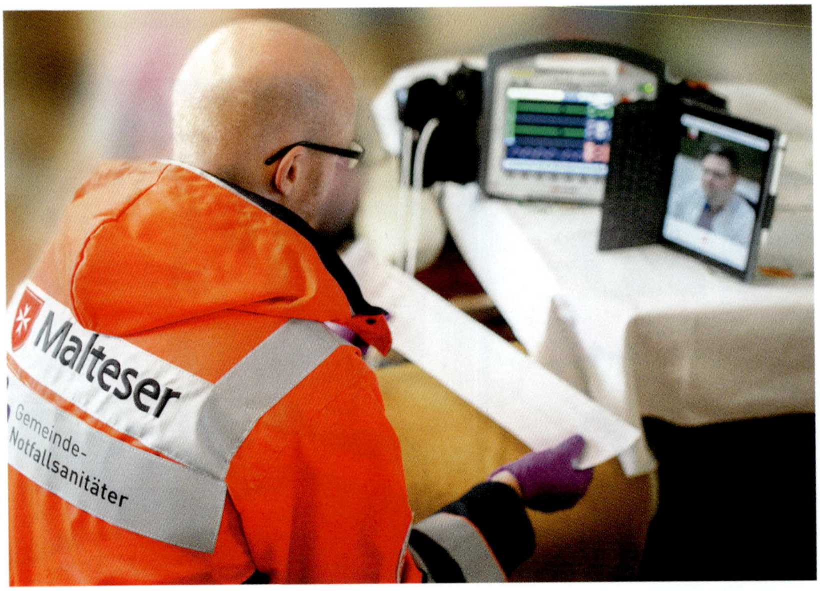

Abb. 2 Selbst direkte Absprachen mit einem Arzt sind möglich.

Lukas Lehmann, Wardenburg

Somit lautet die erste Einschätzung des G-Nfs zunächst *„nicht kritisch“*. Auf Nachfrage entgegnet die Patientin, dass die Symptome seit dem morgendlichen Aufstehen bestünden. Der (Dreh-)Schwindel sei bei horizontaler Ruhelage leicht vermindert, jedoch nicht komplett rückläufig. Dasselbe gelte für die Übelkeit. Erbrochen habe sie noch nicht. Der Schwindel wird auf Nachfragen von der Patientin als unangenehm beschrieben.

Allergien seien keine bekannt. In der durch die Hausärztin verordneten Dauermedikation befinden sich mehrere antihypertensiv wirkende Präparate, die sie nach den Vorgaben eingenommen habe. Unter anderem findet sich dort Bayotensin® als Bedarfsmedikation aufgelistet. Bei der Patientin sind folgende Vorerkrankungen bekannt: Hypertonie, KHK, maligne HRST mit konsekutiver Schrittmacherimplantation. Besondere akute Ereignisse oder privater Stress werden von der Patientin verneint. Eine zweite Pupillenkontrolle ergibt weiterhin isokore, beidseits lichtreagible Pupillen. Ein Nystagmus lässt sich auch bei genauerer Betrachtung nicht erkennen. Ein beidseitig ausgeführter Finger-Nase-Versuch verläuft ohne Intentionstremor. Schmerzen oder ein subjektives Gefühl von Luftnot werden verneint. Die im Anschluss erhobenen Messwerte ergeben: Temp. 36,6 °C, BZ 97 mg/dl, RR 170/80 mmHg (manuell), HF 86/Min. Ein in horizontaler Lage abgeleitetes 4-Pol-EKG zeigt eine konstante Schrittmacherstimulation. Ein Abgleich mit der Codierung des Schrittmacherpasses lässt nicht auf eine Fehlfunktion schließen. Die empfohlene Durchführung eines 12-Kanal-EKGs wird von der Patientin wie üblich abgelehnt. Aufgrund der Ergebnisse der Untersuchung und Anamnese bestätigt sich für den G-Nfs noch einmal die primäre Einschätzung in *„nicht kritisch“*. Als Arbeitsdiagnose wird eine „hypertensive Entgleisung“ gestellt. Da die örtlichen SOPs bei den aktuell ermittelten Blutdruckwerten der Patientin keine notfallmäßige Akutbehandlung vorsehen, der G-Nfs aufgrund der bestehenden Symptomatik allerdings durchaus Handlungsbedarf sieht, kontaktiert dieser per Diensthandy den ärztlichen Notdienst der Stadt, um gemeinsam mit ihm die Möglichkeit einer Bayotensin-Gabe zu besprechen. Nach Übermittlung der bisherigen Untersuchungsergebnisse, der ermittelten Vitalparameter, der Krankenvorgeschichte und der Dauermedikation der Patientin stimmt der ärztliche Bereitschaftsdienst einer zusätzlichen Gabe des Kalziumantagonisten zu. Während der ausführlichen Einsatzdokumentation vor Ort nimmt die Patientin eine Phiole Bayotensin® ein. Es erfolgt eine Aufklärung der Patientin über den Zeitpunkt des zu erwartenden Wirkungseintritts. Zudem wird eine Empfehlung ausgesprochen, sich tagsüber schonend zu verhalten und die Beschwerden zunächst weiter zu beobachten. Im Falle einer persistierenden Symptomatik könne ein erneuter Anruf beim ärztlichen Notdienst erfolgen. Bei einer zunehmenden Verschlechterung solle ein weiterer Notruf abgesetzt werden. Abschließend wird durch den G-Nfs der Besuch des Hausarztes empfohlen, um diesen über die zeitweilige Entgleisung des sonst gut eingestellten Blutdrucks in Kenntnis zu setzen und das weitere Prozedere zu besprechen. Beschwerdebild der Patientin, sämtliche Untersuchungsergebnisse, therapeutische Maßnahmen (inkl. Rücksprache mit dem ärztlichen Bereitschaftsdienst) sowie ausgesprochene Empfehlungen werden im Einsatzprotokoll schriftlich festgehalten und als Originalformular vor Ort belassen, bevor man sich voneinander verabschiedet.

Fall 2: Einsatzstichwort: „Katheterprobleme, m, 76 J."

Der Einsatzort liegt in einer gut situierten Wohngegend am Stadtrand von Oldenburg. Es ist 20:30 Uhr, als der G-Nfs an einem Mittwochabend mit dem o. g. Einsatzstichwort alarmiert wird. Nach 12-minütiger Anfahrt wird der Einsatzort erreicht. Der G-Nfs wird bereits am Vorgarten von einer freundlichen älteren Dame, offensichtlich die Ehefrau des Patienten, in Empfang genommen und in die ebenerdige Wohnung des gepflegten Reihenhauses begleitet. Im Wohnzimmer trifft er auf den Ehemann, der sich offensichtlich uneingeschränkt in der Wohnung bewegt und stehend den G-Nfs begrüßt. Auf die Frage nach den Beschwerden berichtet dieser vom Verdacht auf einen „verstopften" (transurethralen) Blasenkatheter. Dieser würde bereits seit Mittag keinen Urin mehr fördern. Die Tochter habe beim Besuch am frühen Nachmittag bereits ohne Erfolg versucht, den Katheter zu spülen. Aufgrund der auftretenden Bauchbeschwerden, die zunehmend stärker würden, habe man Hilfe benötigt und die 112 gewählt. Nach Ausschluss weiterer Beschwerden des Patienten wird vom G-Nfs zunächst eine Befragung hinsichtlich bisheriger Komplikationen bei DK-Wechseln, etwaiger Operationen am Urogenitaltrakt, Blutungsneigungen und dem Datum des letzten DK-Wechsels durchgeführt. Die Antworten geben keine Hinweise auf nennenswerte Risiken. Anschließend wird der Patient gebeten, eine liegende Position auf einem bereits ausgeklappten Schrankbett einzunehmen, um einen weiteren Spülungsversuch durchzuführen. Aufgrund eines unüberwindbaren Widerstandes verläuft auch der vorsichtige Spülversuch des Katheters (16 Ch.) mittels Drainjet® durch den G-Nfs ohne Erfolg. Daher entscheidet man sich zu einem DK-Wechsel. Hierzu wird folgendes Material vorbereitet (> Abb. 3):

- 1 × Moltex-Unterlage
- 1 × Blasenkatheter-Set (inkl. Blockung)
- 1 × Sterile Handschuhe
- 1 × Lokalanaesthetikum/Gleitmittel Instillagel®
- 1 × 10 ml-Spritze (Entblockung des liegenden Katheters)
- 1 × Blasenkatheter 16 Ch. mit Nelatonspitze
- 1 × Desinfektionsmittel Octenisept®
- 1 × Urinbeutel

Mit der notwendigen Sorgfaltspflicht und unter sterilen Bedingungen erfolgt die Entfernung des bisherigen DK und die Anlage des neuen (> Abb. 4). Währenddessen erfolgt ein spontaner Abgang klaren Urins, der bis zur Konnektierung des neuen Urinbeutels in der Schale des Katheter-Sets aufge-

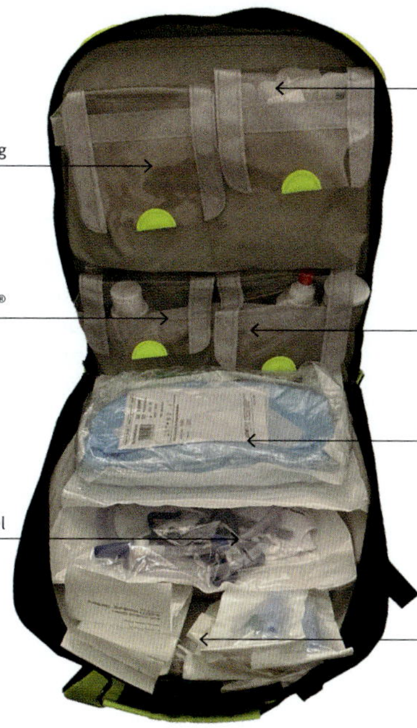

Frank Löwe, Delmenhorst

Abb. 3 Pflegerucksack mit Verbrauchsmaterial für „Wundversorgung" und „Blasenkatheter"

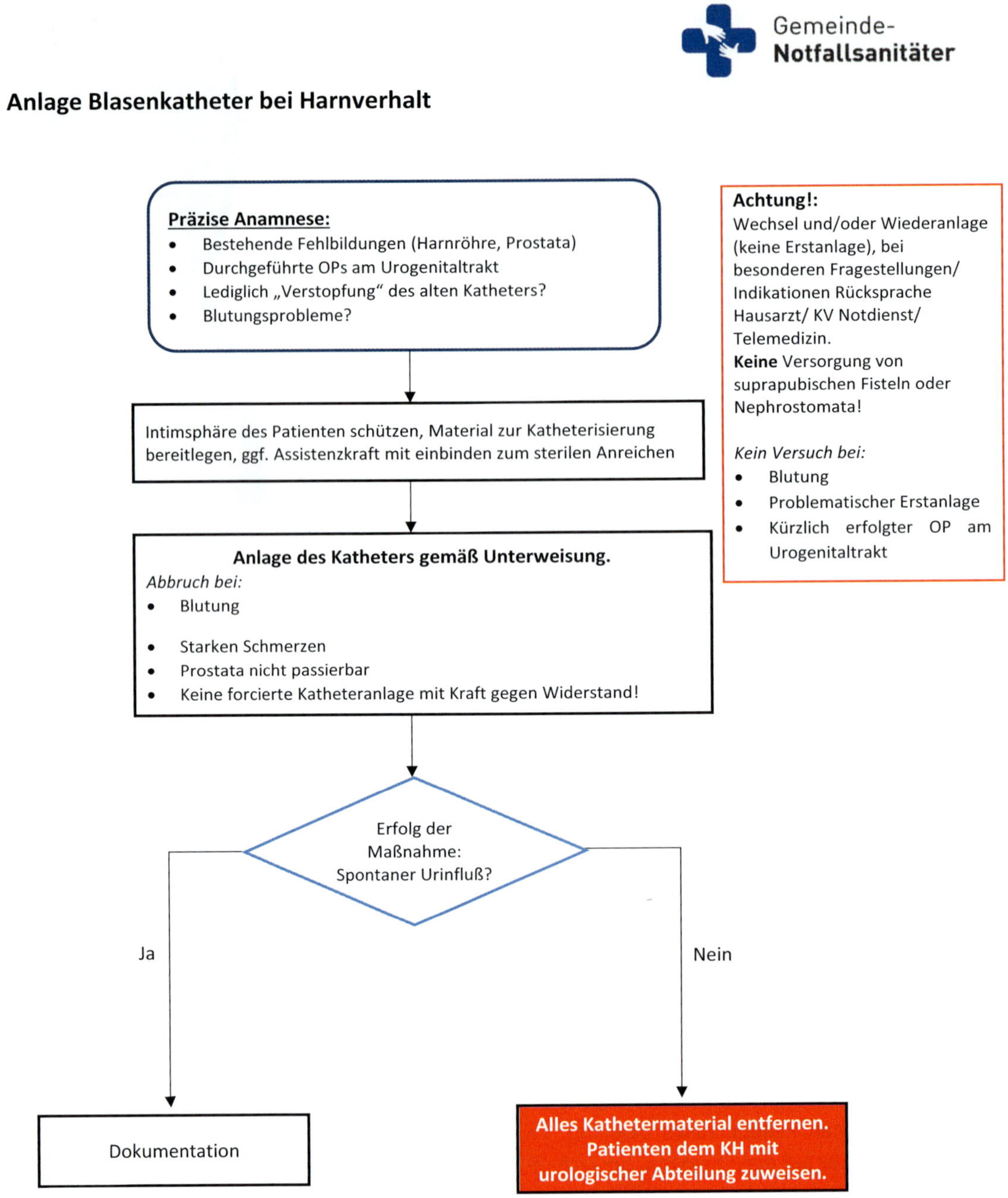

Abb. 4 Algorithmus der AG Gemeindenotfallsanitäter: „Anlage Blasenkatheter“

AG Gemeindenotfallsanitäter

fangen wird. Kurz nach Durchführung dieser Maßnahme äußert der Patient den Rückgang der Bauchbeschwerden und bestätigt eine deutliche Verbesserung des Allgemeinbefindens. Der Arbeitsplatz wird ordentlich geräumt und alle Abfallprodukte entsorgt. Als Routinemaßnahme wird vom G-Nfs eine Probe des klaren Urins entnommen, um mittels eines Combur-Tests® abschließend zu klären, ob zum aktuellen Zeitpunkt Anzeichen eines Harnwegsinfektes bestehen. Es zeigen sich keine erhöhten Parameter für Leukozyten, Erythrozyten und Nitrit. Bezüglich der Aufnahme von Vitalparametern beschränkt sich die Suche nach weiteren Hinweisen auf eine Infektion auf die Ermittlung der Körpertemperatur. Der im Ohr gemessene Wert fällt mit 36,8 °C unauffällig aus. Diese Ergebnisse sowie der gesamte Behandlungsablauf werden im Einsatzprotokoll ausführlich dokumentiert und als Originalformular vor Ort belassen. Patient und Ehefrau erscheinen sichtlich zufrieden und verabschieden sich erleichtert, bevor der G-Nfs sich bei der Leitstelle wieder als frei meldet.

Fall 3:
Einsatzstichwort: „Z. n. Sturz aus Bett, schwierige Verständigung, keine Bewusstlosigkeit, weiblich, 8 Monate."

Es ist ein Freitagmorgen, als der G-Nfs mit dem oben genannten Einsatzstichwort in einen Wohnblock alarmiert wird. Die Anfahrt zum Einsatzort wird gedanklich für Vorüberlegungen (Physiologie, Material, Medikamente) genutzt. Die besagte Wohnung liegt im 5. OG. Als der G-Nfs die Wohnung erreicht, öffnet ein circa 6-jähriger Junge die Haustür und führt ihn in ein Wohnzimmer, wo die Mutter, ca. 30–40 Jahre alt mit südländischer Herkunft, mit dem offensichtlich betroffenen Säugling im Arm auf einem Sofa sitzt. Noch vor dem eigentlichen Patientenkontakt erfolgt vom G-Nfs mithilfe des pädiatrischen Beurteilungsdreieckes eine Einschätzung des Säuglings auf Sicht. Der Säugling weist folgenden Ersteindruck auf: Dieser fixiert den G-Nfs beim Eintreten ins Wohnzimmer, zeigt einen normalen Muskeltonus, Spontanbewegungen und lächelt vereinzelt aufgrund spielerischer Zuwendung durch Mutter und Bruder. Es gibt keine hörbaren Atemnebengeräusche. Die Atmung erscheint regelrecht. Es existieren keine Anzeichen auf eine angestrengte Atemtätigkeit. Die Hautfarbe ist rosig. Der G-Nfs schätzt den Säugling zunächst als *„nicht kritisch"* ein. Aus einem anderen Zimmer erscheint ein weiterer Junge, ungefähr 4 Jahre alt. Vermutlich der Bruder der anderen beiden Kinder. Auf Nachfrage, was passiert sei, berichtet der 6-Jährige, der auch den Notruf abgesetzt hatte, dass seine kleine Schwester aus dem Bett der Eltern gefallen sei. Die Mutter ergänzt in gebrochenem, aber verständlichem Deutsch, dass sie mit ihrer Tochter in dem Bett geschlafen hätte. Die Mutter sei aufgewacht und auf die Toilette gegangen; in der Zeit sei die Tochter aus dem Bett gerollt. Als die Tochter plötzlich weinte und schrie, sei die Mutter hingelaufen und habe sie neben dem Bett liegend vorgefunden. Eine Bewusstlosigkeit habe zu keinem Zeitpunkt bestanden. Durch den G-Nfs erfolgt eine strukturierte Untersuchung anhand des ABCDE-Schemas. Hierzu wird der Säugling, der bis dahin mit einem Body bekleidet war, von der Mutter bis auf die Windel entkleidet. Die Untersuchung des Säuglings ergibt folgende Ergebnisse:

- Die Atemwege sind frei.
- Die Atmung erscheint regelrecht.
- Es bestehen keinerlei Hinweise auf eine gestörte oder forcierte Atemtätigkeit.
- Die Rekapillarisierungszeit am Handballen, an der Fußsohle sowie am Sternum beträgt maximal 2 Sekunden.
- Der Puls an der A. brachialis wird mit 140/Min. ausgezählt und unter Zuhilfenahme des Kindersicher-Infoflip® als normfrequent eingestuft.
- Die Haut ist warm und trocken.
- Die Pupillen erscheinen seitengleich und lichtreagibel.
- Die Inspektion und vorsichtige Palpation aller vorderen und hinteren Körperregionen zeigen keine offensichtlichen Verletzungen.
- Die Palpation der Fontanelle ergibt weder Vorwölbung noch Einsenkung.
- Ein Blick in die Windel des Säuglings bringt keine weiteren Erkenntnisse.
- Abschließend ergeben sich während der gesamten Untersuchung des Säuglings keinerlei Hinweise oder Anzeichen für Missbrauch oder Vernachlässigung.

Um den derzeitig beruhigt wirkenden und laut Mutter unauffälligen Säugling vor weiterem Stress zu bewahren, werden vom G-Nfs keine weiteren Untersuchungen durchgeführt. Vom 6-jährigen, äußerst engagierten Bruder lässt sich der G-Nfs anschließend das Bett zeigen, aus dem die Schwester gefallen ist. Es wird eine Sturzhöhe von ungefähr 70–80 cm ermittelt. Der gesamte Boden des Schlafzimmers ist mit einem Velour-Teppich ausgestattet. Nach der Rückkehr ins Wohnzimmer berichtet die Mutter im Rahmen der erweiterten Anamnese, dass die kleine Tochter zurzeit an einer Mittelohrentzündung erkrankt sei. Diese würde aktuell mit Ciprofloxacin® und Paracetamol® als Suppositorium bei Bedarf therapiert. Nach dem Sturz habe sie die Tochter zudem noch gestillt. Mittlerweile trifft auch der Vater in der Wohnung ein. Er sei zuvor von seiner Ehefrau angerufen worden und nun auf direktem Wege von der Arbeitsstätte gekommen, um nach der Familie zu sehen. Die Zusammenkunft der gesamten Familie wird vom G-Nfs genutzt, um für alle Beteiligten die Untersuchungsergebnisse und damit verbundene Gesamteinschätzung des Patientenzustands – *„nicht kritisch"* – zusammenzufassen. Um dennoch ein abschließendes Ergebnis durch einen Experten (ggf. Entscheidung für stationäre 24-Std-Überwachung nach Sturz aus Höhe bei Alter < 1 Jahr) und weitere Untersuchungsverfahren zu ermöglichen, wird den Eltern der Besuch des in der Nähe befindlichen Kinderkrankenhauses mit dem eigenen Privat-Pkw empfohlen, was bei den Eltern Zustimmung findet. Für die Rekonstruktion des stattgefundenen Ereignisses, der Untersuchungen durch den G-Nfs sowie deren Ergebnisse wird den Eltern ein umfangreiches Einsatzprotokoll zur Übergabe in der Klinik übergeben, bevor der G-Nfs sich freundlich von den Eltern verabschiedet und auch diesen Einsatz zum Abschluss bringt.

Fazit

Die dargestellten Szenarien offenbaren nur einen kleinen Ausschnitt vielfältiger Einsatzmöglichkeiten des noch jungen Berufsbildes „Gemeindenotfallsanitäter". Die tatsächliche Praxis zeigt ein breites Einsatzspektrum, welches nach der persönlichen Einschätzung des Autors noch weitaus mehr Möglichkeiten bietet. Zukünftig wären weitere Aufgabenfelder denkbar, wie z. B. die Supervisor-Funktion (Qualitätsprüfer RD in praxi), Unterstützung bei Reanimation, Zubringerfunktion (mech. Reanimationshilfen etc.), Hilfe beim Notfall im N-KTW (z. B. Analgesie nach SOP) usw. Allerdings muss auch dieses Projekt sich zunächst etablieren und nicht zuletzt die Kostenträger von der Sinnhaftigkeit einer bundesweiten Implementierung überzeugen, bevor weitere Aufgabenfelder erschlossen werden können. Die Einsatzzahlen im Bereich der Stadt Oldenburg zeigen sich hier vielversprechend. Alternative Versorgungspfade in einer Zeit, in der die Anzahl niederschwelliger Rettungsdiensteinsätze durch eine teilweise überfordert wirkende Gesellschaft von Jahr zu Jahr wächst, scheinen einer Überlastung des Regelrettungsdienstes entgegenzuwirken. Die Vorteile alternativer Systeme zur Vermeidung niederschwelliger Notfälle sind vielfältig: Kostenreduzierung, zunehmende Verfügbarkeit des Regelrettungsdienstes (RTW, NEF etc.), bedarfsgerechte Support-Optionen für den RD, Motivationssteigerung des RD-Personals usw. Viele Vorteile scheinen schon ersichtlich. Weitere werden sich im Laufe der Projektphase sicherlich noch ergeben. Wir dürfen also gespannt sein.

Der Autor

Frank Löwe, Notfallsanitäter beim Malteser Hilfsdienst gGmbH Wildeshausen (Landkreis Oldenburg), Zusatzqualifikation Gemeinde-Notfallsanitäter (G-Nfs), Berufspädagoge, seit 2019 tätig als Gemeinde-Notfallsanitäter in der Stadt Oldenburg (Oldenburg), Instruktor AMLS, EPC, ITLS und ERC.

Co-Autoren: Frank Flake, Oliver Peters, Michael Peter, Jan Hoffmann, Walter Rempe, Stefan Thate, Frank Scheinichen

Interessenskonflikt: Der Autor gibt an, dass kein Interessenkonflikt besteht.

Mitteilungen des DBRD

Liebe Kolleginnen und Kollegen,

Corona hält uns weiter fest im Griff, aber wir alle hoffen, dass es bald wieder bergauf geht.
Bergauf geht es aber, wie sie wahrscheinlich lange wahrgenommen haben, mit unserem Berufsbild bzw. unserer aller Tätigkeit zum Wohle der uns anvertrauten Patienten. Ich meine natürlich die Rechtssicherheit und die Integration des § 2a in das NotSanG. Es war ein langer steiniger Weg mit viel Widerstand und schlaflosen Nächten. Aber am Ende ist der Gesetzgeber unserem Vorschlag gefolgt. Dafür sagen wir Ihnen und allen Politikern danke.
Wer aber glaubt, damit sei alles erreicht, der irrt. Immer noch bleibt vielen Patienten eine adäquate Analgesie durch Notfallsanitäter mit Betäubungsmitteln verwehrt. Natürlich gibt es bereits heute Rettungsdienstbereiche, welche die Verabreichung ohne Probleme praktizieren. Leider sind diese aber noch die Ausnahme. Was wir brauchen, ist eine Veränderung des Betäubungsmittelgesetzes (BtMG). Seien sie versichert, wir arbeiten dran. Unterstützen sie uns auch hierbei. Dann haben wir gemeinsam die Möglichkeit, den Rettungsdienst zukunftssicher zu gestalten.
In diesem Sinne, bleiben sie uns gewogen,

Ihr Frank Flake

Aktuelles

Bundestag und Bundesrat verabschieden Änderungen im NotSanG

Am 27. Januar 2021 hat der Ausschuss für Gesundheit über die Änderung zum Notfallsanitätergesetz (NotSanG) beraten und alle vom DBRD geforderten Änderungen angenommen. Einen Tag darauf hat der Deutsche Bundestag nach entsprechender Beratung die Gesetzesänderung verabschiedet. „Das ist für den DBRD und den gesamten Rettungsdienst ein Riesenerfolg“, so Marco K. König, 1 Vorsitzender. „Auch wenn es ein sehr steiniger Weg war, möchte ich mich bei allen Beteiligten für den nun vorliegenden Beschluss bedanken“, so König weiter.
Im weiteren Verlauf kamen den Änderungen im NotSanG eine besondere Ehre zuteil. Über den § 2a NotSanG (inkl. den Anpassungen in §§ 22 und 23 NotSanG) wurde in der 1.000 Bundesratssitzung abgestimmt und die Gesetzesänderung verabschiedet. Nachdem zu guter Letzt der Bundespräsident die Änderung unterzeichnet hat, trat die Änderung des § 2a umgehend in Kraft.

Hier der genaue Wortlaut im NotSanG:

„§ 2a
Eigenverantwortliche Durchführung heilkundlicher Maßnahmen durch Notfallsanitäterinnen und Notfallsanitäter

(1) Bis zum Eintreffen der Notärztin oder des Notarztes oder bis zum Beginn einer weiteren ärztlichen, auch teleärztlichen Versorgung, dürfen Notfallsanitäterinnen und Notfallsanitäter heilkundliche Maßnahmen, einschließlich heilkundlicher Maßnahmen invasiver Art, dann eigenverantwortlich durchführen, wenn

1. sie diese Maßnahmen in ihrer Ausbildung erlernt haben und beherrschen,
2. die Maßnahmen jeweils erforderlich sind, um Lebensgefahr oder wesentliche Folgeschäden von der Patientin oder dem Patienten abzuwenden.“

3. Deutscher Rettungsdiensttag in Frankfurt

Am 27. November 2021 veranstaltet der Deutsche Berufsverband Rettungsdienst e.V. (DBRD) den 3. Deutschen Rettungsdiensttag in Frankfurt.
Geplante Themen sind u.a.:

- Paragraph 2a – und nun?
- Pyramidenprozess – wo stehen wir?
- Wollen reicht nicht – man muss es auch können
- Atemwegssicherung – was ist der Maßstab?
- EKG – manchmal ist der Standard schon schwer genug
- Herausforderungen Kindernotfälle – Konzentration auf das Wesentliche
- Update präklinische Notfallmedizin 2021

Informationen und Anmeldungen finden Sie unter www.deutscher-rettungsdiensttag.de

Die Sektion Simulation des DBRD

Patienten-Simulation als Lehr- und Lernmethode verbreitet sich zunehmend in vielen medizinischen und pflegerischen Bereichen sowie im rettungsdienstlichen Kontext. Es gehört mittlerweile zum guten Ton von Bildungseinrichtungen, in der Aus-, Fort- und Weiterbildung von Ärzten und Rettungsfachpersonal Simulation als Tool in der pädagogisch-didaktischen Werkzeugkiste zu haben.
Simulation kann die Qualität der Ausbildung steigern, sie erhöht die Kompetenzen der Lernteilnehmer*innen und sie kann die Patientensicherheit erhöhen. Solche und ähnliche Aussagen hört und liest man allenthalben. Was aber auch erkennbar ist, dass Simulation als Lehr- und Lernmethode an keiner Stelle breit, umfassend und systematisch curricular in den Bildungswegen im medizinischen Kontext vorhanden ist.
Es gibt also auf der einen Seite einige Hinweise darauf, dass Simulation in dem hier verstandenen Sinne gute bis sehr gute Effekte hat – auf der anderen Seite steht dem meist ein hoher Aufwand, keinerlei Strukturierung und ein verschwindend geringer bildungspolitischer Wille zur Umsetzung entgegen. Durch diese mangelhafte strukturelle Förderung sind an vielen Stellen unkoordiniert Simulationsprojekte entstanden, die alle für sich gute methodische Ansätze haben, jedoch für die übergeordneten Stellen keine erkennbare Handschrift aufweisen. Dies verhindert zusätzlich eine politische und strukturelle Förderung sowie eine wissenschaftlich begleitete Weiterentwicklung.
Simulationstechnik wird in den letzten Jahren immer ausgefeilter und erschwinglicher. Der Nutzen von gut gemachter simulationsgestützter Aus-, Fort- und Weiterbildung wird immer deutlicher. Um diese Entwicklungen aufgreifen zu können und für die Berufe des Rettungsdienstes (und Gesundheitswesens) attraktiv gestalten zu können, hat sich im DBRD die Sektion „Simulation und Teamtraining im Rettungsdienst“ formiert. Offizielle Gründung war am 31.01.2020 in Frankfurt am Main.
Seitdem wurden zwei allgemeine Sektionstreffen und über 21 Workshops der einzelnen Arbeitsgruppen abgehalten.
Bereits am Gründungstag formierten sich erste Arbeitsgruppen. Bis heute hat sich deren Anzahl aufgrund neuer zu bearbeitender Themen weiter erhöht. Das Thema Simulation ist so vielfältig, dass für jede Interessenlage und Simulationserfahrung eine geeignete Arbeitsgruppe dabei ist.
So gibt es zum Beispiel Arbeitsgruppen, die allgemeine und Grundlagen schaffende Themen bearbeiten, wie Fachsprache und Definitionen von Simulation, Verortung von Simulation im didaktischen und bildungspolitischen Feld und das große Thema Technik rund um die Simulation.
Zusätzlich gibt es Arbeitsgruppen, die daran arbeiten, wie beispielsweise Schnittstellen zu anderen Interessengruppen oder Fachgesellschaften optimal genutzt werden können oder wie Forschung, Lehrkräfteentwicklung und Qualitätsmanagement aufgebaut werden können.
Neuere und daher sehr aktuelle Arbeitsgruppen befassen sich mit der Ausgestaltung der Simulationsanteile innerklinischer Ausbildungsabschnitte im Rahmen der Ausbildung zum Notfallsanitäter.

Eine weitere neue Arbeitsgruppe adressiert die Unterstützung von verantwortlichen Akteuren für die umfassende curriculare Einbindung von Simulation als Lehr- und Lernmethode in die Notfallsanitäterausbildung, im Theorie- und Praxisfeld.

Die Sektion lebt natürlich von der aktiven Mitarbeit. Das bedeutet, alle Interessierten, die sich aktiv einbringen wollen, sind herzlich eingeladen bei den Sektionstreffen vorbeizuschauen.

Kontakt: simulation@dbrd.de

Kurstermine

Alle Kurse können auch als Inhousekurse gebucht werden. Sprechen sie uns einfach an. Gerne unterbreiten wir Ihnen ein Angebot.

AMLS Provider Kurs (offen/2 Tage)

Konstanz	23.04.2021
Konstanz	24.–25.04.2021
Fulda	08.–09.05.2021
Hamburg	15.–16.05.2021
Garmisch-Partenkirchen	05.–06.06.2021
Dresden	12.–13.06.2021
Berlin	24.–25.07.2021
Hanau	14.–15.08.2021
München (Refresher)	10.09.2021
München	11.–12.09.2021
Aachen	25.–26.09.2021
Wetzlar	23.–24.10.2021
Berlin	12.11.2021
Berlin	13.–14.11.2021
Garmisch-Partenkirchen	04.–05.12.2021
Freiburg	04.–05.12.2021

Weitere Informationen und Anmeldung unter www.amls.de

EPC Provider Kurs (offen/2 Tage)

München	15.–16.05.2021
Aachen (MHD)	19.–20.06.2021
Garmisch-Partenkirchen	17.–18.07.2021
Mannheim	24.–25.07.2021
Würzburg	09.–10.10.2021
Neuenkirchen-Vörden	23.–24.10.2021
Wetzlar	30.–31.10.2021
Aachen (AIXTRA)	04.–05.12.2021

Weitere Informationen und Anmeldung unter www.epc-germany.de

GEMS Provider Kurs (offen/2 Tage)

Aachen	12.–13.06.2021

Weitere Informationen und Anmeldung unter www.gems-deutschland.de

PHTLS Provider Kurs (offen/2 Tage)

Krefeld	08.–09.05.2021
Aachen AIXTRA	29.–30.05.2021
Konstanz	12.–13.06.2021
Dresden	02.–03.07.2021
Aachen AIXTRA (Refresher)	23.07.2021
Aachen AIXTRA	24.–25.07.2021
Plauen	31.07.–01.08.2021
München	14.–15.08.2021
Halle/Saale	11.–12.09.2021
Neuenkirchen-Vörden	25.–26.09.2021
Berlin (Refresher)	08.10.2021
Berlin	09.–10.10.2021
Recklinghausen	23.–24.10.2021

Freiburg	30.–31.10.2021
Würzburg	13.–14.11.2021
Vaihingen	20.–21.11.2021
Aachen	18.–19.12.2021
Aachen	12.–13.12.2020

Weitere Informationen und Anmeldung unter www.phtls.de

TECC Provider Kurs (offen/2 Tage)

Siegerland-Flughafen	29.–30.05.2021
Siegerland-Flughafen	24.–25.07.2021
Siegerland-Flughafen	14.–15.08.2021
Siegerland-Flughafen	11.–12.09.2021
Siegerland-Flughafen	27.–28.11.2021
Frankfurt (FRTC Feuerwehr)	04.–05.12.2021

Weitere Informationen und Anmeldung unter www.tccc-deutschland.de/tecc-kurse.html

12-Leads Provider Kurs (offen/2 Tage)

Lübeck	12.–13.06.2021
Lübeck	23.–24.10.2021
Frankfurt am Main	11.–12.12.2021

Weitere Informationen und Anmeldung unter www.12-Leads.de

AMLS, EPC, GEMS, PHTLS und TECC Instruktorenkurs (nur mit Instruktorenpotential)

Hanau	13.–14.11.2021

Mitgliederinfos BVRD.at

Liebe Kolleginnen und Kollegen!

Seit über einem Jahr befindet sich unser Leben im Ausnahmezustand. Ein ewiger Tanz zwischen Lockerungen und Lockdown, beinahe tagtäglich neue Regelungen, sich verändernde Vorgaben im Rettungsdienst, Bangen um das eigene Wohlbefinden und das von Familie, Freunden und Kolleg*innen, Überstunden, Mehrfachbelastungen durch Homeoffice, Home-Schooling, das Warten auf Impfungen, Ungewissheit über die Zukunft. Das zehrt.

In unserem „Reality Check“ versuchen wir, sowohl die Stimmungslage als auch die harten Zahlen, Daten und Fakten zum aktuellen Geschehen zu erfassen, zu dokumentieren und zugänglich zu machen. Ein Blick darauf in der „News-Sektion“ auf unserer Homepage bei den vergangenen Umfragen lohnt sich. Denn es zeigt nicht nur, dass das vermeintliche Schicksal einzelner von vielen geteilt wird, sondern offenbart auch, wie gut oder schlecht es um uns steht. Denn die Ergebnisse machen unsere Situation in allen Teilen unseres Landes und in unterschiedlichen Organisationen zumindest ein Stück weit transparenter. Auch das leistet der BVRD.at: Er zeigt auf, wo wir stehen. Das ist wichtig, um herauszufinden, wohin die Reise gehen soll. Denn es ist nie zu früh, sich Gedanken darüber zu machen, was wir aus der jeweiligen Situation für die Zukunft lernen können. Und vielleicht offenbart sich genau in diesen ungewöhnlichen und mitunter strukturdynamischen Zeiten dieses „Fenster zur Möglichkeit“ für die Veränderung, die wir im Rettungswesen sehen möchten.

Ganz in diesem Sinne: Bleibt engagiert, bleibt mutig, bleibt innovativ – und bleibt gesund!

Euer Vorstand

Einige Kernaussagen der Umfrage „Reality Check zur aktuellen Situation“ ***(Befragungszeitraum 18.–31.12.2020, n=363):***

- 40 % der an COVID-19 erkrankten Sanitäter*innen haben sich möglicherweise im Rettungsdienst infiziert.
- 53 % der beruflichen Mitarbeiter*innen arbeiten derzeit mehr oder viel mehr als üblich.
- Knapp die Hälfte der freiwilligen Sanitäter*innen arbeitet mehr oder viel mehr als üblich. Anders als bei den Beruflichen sind 22 % weniger oder viel weniger im Rettungsdienst aktiv als sonst.
- Zum Zeitpunkt der Umfrage hielten 78,5 % der Befragten das Testangebot für Mitarbeiter*innen im Rettungsdienst für nicht ausreichend (fehlender Zugang zu Testmöglichkeiten).

Gefragt nach den Wünschen an die eigene Organisation auf der einen Seite und an die Öffentlichkeit bzw. an politische Entscheidungsträger*innen auf der anderen, kommt das wahre Potenzial und auch der Anspruch der Berufs- und Tätigkeitsgruppe zum Vorschein: Sanitäter*innen verlangen nach mehr Wertschätzung, Schulungsangeboten und einem Berufsbild mit einer Ausbildung nach internationalen Standards. Oder wie von einem Umfrage-Teilnehmer markant formuliert: „Wir wollen nicht das Kanonenfutter der Pandemie sein.“

Alle Updates zu unseren Aktivitäten findet ihr wie immer unter www.bvrd.at und auf unseren Social-Media-Kanälen.

Testest du noch … oder impfst du schon?

Die COVID-19 Pandemie hat den Sanitäter*innen in Österreich auch durchaus überraschende Kompetenz-Erweiterungen beschert. Neben der Durchführung von Abstrichen aus Nase und Rachen inkl. Point-of-Care-Covid-19-Antigen-Tests zu diagnostischen Zwecken sowie die Blutentnahme aus der Kapillare zur Bestimmung von Antikörpern, wurden Sanitäter*innen befugt, Covid-19-Impfungen zu verabreichen – wohlgemerkt, nur in strukturierten Einrichtungen, nach einer theoretischen und praktischen Schulung samt ärztlicher Bestätigung sowie unter ärztlicher Aufsicht. Von einer Einschränkung dieser Kompetenzerweiterung auf die Gruppe der Notfallsanitäter wurde verzichtet, auch die vorgesehene Formulierung, dass diese Tätigkeit „besonders erfahrenen“ Sanitätern (etwa 2.000 Stunden in den letzten 5 Jahren) vorbehalten sein soll, fiel in letzter Minute.

Wie immer man dazu stehen mag und auch wenn einzelne Organisationen bzw. Chefärzt*innen und Landesverbände bereits ausgeschlossen haben, dass die Sanitäter*innen ihrer Rettungsdienstanbieter Impfungen vornehmen werden, so ist eine Mitarbeit bei künftigen Impfaktionen – ob als organisatorische Leiter, Helfer*innen, Assistent*innen oder eben wirklich als Impfer*innen – allemal im Bereich des Möglichen.

Dieser neu gestellten Anforderung begegnet der SIM CAMPUS Eisenerz in Kooperation mit dem BVRD.at mit einem ansprechenden, ungewöhnlichen Kursformat in einem europaweit wahrlich einzigartigen Umfeld.

Corona-Schutzimpfung: Sanitäter*innen trainieren am SIM CAMPUS für Impfaktionen

Sanitäterinnen und Sanitäter aus ganz Österreich bereiteten sich im Rahmen einer Pilotveranstaltung am steirischen SIM CAMPUS intensiv auf die qualifizierte Unterstützung von Ärzt*innen bei Impfaktionen vor.

„Qualified Vaccination Support“ heißt das neue Ausbildungs- und Trainingsprogramm, welches der Österreichische Bundesverband für den Rettungsdienst (BVRD.at) gemeinsam mit Expert*innen des SIM-CAMPUS-Instituts für Notfallsimulation entwickelt hat. Die Ausrollung der Kurse nach der erfolgreichen Pilotveranstaltung wurde umgehend umgesetzt.

„Damit auch Sanitäter*innen einen wertvollen Beitrag bei der Impfaktion leisten können und gut vorbereitet sind, wollen wir Ihnen vorausschauend eine praxisnahe und umfassende Ausbildung ermöglichen. Denn was für den Rettungsdienst gilt, muss auch hier gelten: eine qualitätsvolle und umfassende Versorgung darf kein Produkt des Zufalls sein. Genau deshalb setzen wir auf den SIM CAMPUS“, so Erwin Feichtelbauer, Präsident des BVRD.at.

Unter strengen COVID-19-Schutzmaßnahmen absolvierten die ersten Sanitäterinnen und Sanitäter am SIM-CAMPUS-Simulationskrankenhaus das mehrstufige Ausbildungsprogramm. Theoretische Vorträge und realitätsnahe Übungen am Simulator vermitteln dabei sämtliche Aspekte der COVID-19-Schutzimpfung. Auch das rasche Erkennen und Behandeln von sehr seltenen allergischen Reaktionen wird dabei trainiert. Am Ende steht ein sogenanntes Objektives Strukturiertes Klinisches Examen (OSKE), welches den Lernerfolg der Teilnehmer*innen genau überprüft. Der Schwierigkeitsgrad der Prüfung orientiert sich am Niveau der Ausbildung von Medizinerinnen und Medizinern.

„Bezogen auf die Wissens- und Leistungsziele legt dieses Programm dieselben Standards an, die wir auch in der Ausbildung und Prüfung von Medizinerinnen und Medizinern anlegen. Qualifizierte Impfunterstützung ist eine sehr verantwortungsvolle Aufgabe. Da müssen höchste Qualitätsstandards gelten“, erklärt Mediziner Dr. Thomas Wegscheider. Und der Erfolg gibt den Organisatoren mehr als Recht. Alle teilnehmenden Sanitäter*innen erfüllten die hohen Anforderungen mit Bravour.

Davon wenig überrascht zeigt sich Benjamin Roszipal, Leiter des SIM-CAMPUS-Instituts für Notfallsimulation: „Motivation und Ehrgeiz der Teilnehmenden waren enorm. Alle waren sich der hohen Verantwortung bewusst, die eine Tätigkeit bei Impfaktionen mit sich bringt. Aus meiner Sicht ein weiterer Beweis für die Professionalität der österreichischen Rettungsdienste und ihrer Mitarbeiter*innen.“

Abb. 1 Gut gerüstet durch Theorie ...

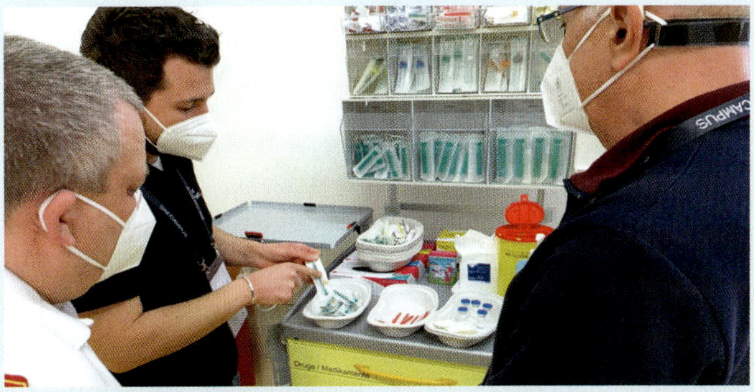

Abb. 2 ... und anschauliche Erklärungen ...

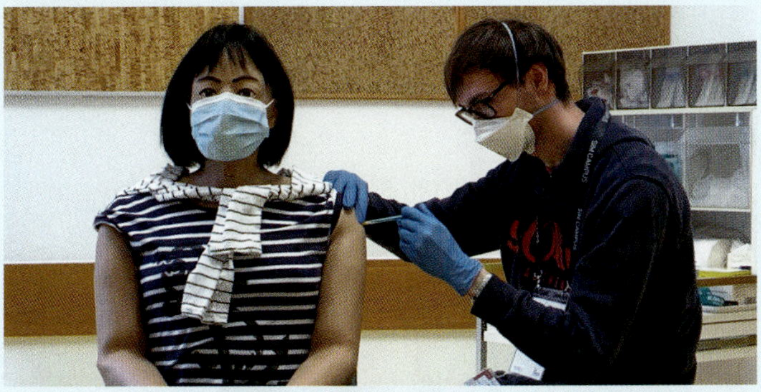

Abb. 3 ... üben sich die Kursteilnehmer im selbstständigen Impfen.

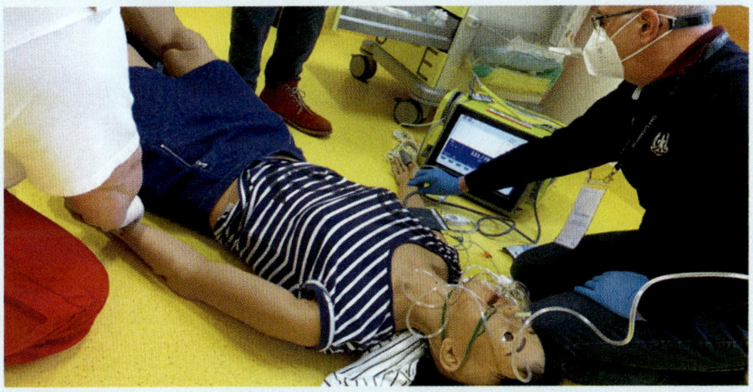

Abb. 4 Auch der Umgang mit möglichen Notfallsituationen stand auf dem Lehrplan.

Gebt mir Popcorn!

Diskutieren Sie mit: rettungsdienst@elsevier.com

Ach, hätte man euch doch nur gefragt, dann wäre das alles nicht passiert.

Ich weiß noch nicht mal mehr, welchen Film ich das letzte Mal im Kino gesehen habe. Gerne würde ich mir mal wieder einen schönen Blockbuster anschauen, aber das wird wohl so schnell noch nichts. Wahrscheinlich kommt mir Corona auch da weiterhin in die Quere. Wie ich jetzt aber feststellen musste, ist es gar nicht nötig, ins Kino zu gehen. Es reicht mitunter, sich einige rettungsdienstliche Newsseiten durchzulesen oder die Seiten sozialer Netzwerke zu durchkämmen. Das ist nicht schlechter als so mancher Blockbuster. Aber wovon rede ich eigentlich gerade, wird sich so mancher Leser fragen. Das will ich Ihnen gerne erklären.

Wenn es gesetzlichen Änderungsbedarf gibt, dann möchte natürlich jeder Interessenvertreter (oder Lobbyist) für seinen Bereich das Beste rausholen und die politischen Interessen seines Verbandes vertreten. So weit, so gut. Daran ist zunächst nichts Schlechtes, auch nicht, dass man öfter mal keinen Konsens erzielt. Schlecht wird es dann, wenn mit falschen Behauptungen versucht wird, seinen Standpunkt zu untermauern. Dann wird es schmutzig, eben wie in einem guten Kinofilm. Nicht selten hat man auch hier das Gefühl, zwischen Gut und Böse zu sitzen. Wer dann wer ist, kommt wohl ganz auf den eigenen Standpunkt an.

Dieser Film zieht sich dann so lange hin, bis die Gesetzesnovellierung verabschiedet wird. Wer sich als Gewinner sieht, ist fein raus. Und die Verlierer? Nun, kurz nach der Veröffentlichung kommen prompt die ganzen Besserwisser aus ihren Höhlen und kommentieren und zerreden. Während der Corona-Pandemie sehen wir diesen Effekt oft genug, wenn z. B. Dr. Lothar Wieler oder Christian Drosten etwas kommunizieren. Und natürlich erlebten wir das auch im Rettungsdienst, als der Bundesrat die Ergänzung des Notfallsanitätergesetzes um den § 2a (Rechtssicherheit) erweitert hat.

Man musste also nur die einschlägigen Newsseiten oder sozialen Netzwerke öffnen, sich zurücklehnen und genießen. Man glaubt kaum, wie viele Experten hier zu Wort kommen, die man vorher offenbar nicht gefragt hatte. Da entwickeln sich die hitzigsten, meist wenig sachlichen Diskussionen.

Ich vermute, hier werden Gegenpositionen aufgebaut, um die letzten wegschwimmenden Felle zu retten. Dabei schwimmt bei dieser Änderung niemandem irgendwas weg. Da wird der Untergang des Abendlandes heraufbeschworen, weil der Notfallsanitäter jetzt angeblich schon mit beiden Beinen im Gefängnis steht. Viele Dachverbände, ärztliche Leiter oder sonstige Institutionen veröffentlichen Stellungnahmen, anscheinend ohne fachlichen Hintergrund – oder aber mit den falschen Beratern.

Lassen sie mich ein paar Zeilen zitieren:

- „Für die Neuregelung besteht keine Notwendigkeit. Sie gibt die bereits bestehende Rechtslage wieder und begründet unter Umständen neue Schwierigkeiten."
- „Einer Gesetzesänderung bedarf es indes nicht."
- „Dieser empfohlene § 2a NotSanG hat aus meiner Sicht ... nur einen Placeboeffekt, der sich in der notfallmedizinischen Praxis sogar als kontraindiziert erweisen kann."
- „Formal ist und bleibt das Gesetz ... ein Berufszugangs- und Ausbildungsgesetz. ... Das Notfallsanitätergesetz verleiht insoweit keine Kompetenz zur eigenverantwortlichen Anwendung dieser Maßnahmen. Auch daran ändert eine neue Formulierung im Detail nichts."

Und so weiter und so fort. Es war schon interessant zu lesen, wie viele verschiedene Standpunkte es gibt. Eben fast wie in einem guten, verschachtelten Krimi. Dabei könnte man sich das alles sparen, wenn man nur gemeinsam an einer Optimierung arbeiten würde, aber dafür gibt es wohl zu viele Schauspieler mit unterschiedlichen Rollen.

Deshalb hierzu meine große Bitte:

Gut zwei Jahre wurde um Rechtssicherheit für Notfallsanitäter gerungen. Es gab die verrücktesten Vorschläge, wie man das denn bewerkstelligen könnte, und sie flossen mitunter in die verschiedenen Referentenentwürfe des Gesetzgebers mit ein. Das Ergebnis mag nicht jedem gefallen, ist aber zu akzeptieren. Ich persönlich glaube, dass dies zu einer verbesserten Patientenversorgung führt, und es liegt an uns allen, dafür zu sorgen. Deshalb,

- liebe ärztliche Leiter: Hättet ihr alle den Pyramidenprozess in regionalen Algorithmen umgesetzt und im Rahmen der 2c-Maßnahmen delegiert, hätten wir die Veränderung des NotSanG tatsächlich nicht gebraucht.
- liebe Gegner von Veränderungen: Der Rettungsdienst benötigt Optimierungen. Dass dies alles unter qualitativen Gesichtspunkten passieren muss, darüber sind wir uns einig. Man kann versuchen, das gemeinsam zu schaffen. Man kann es auch lassen. Aber aufhalten kann man es nicht.

Ich weiß ja nicht, was Sie machen, aber ich lehne mich zurück und genieße die Show. Und glauben Sie mir, das ist wie bei einem guten Film. Irgendwann ist es zu Ende.

Ihr Notfall Nerd

Hinter dem Pseudonym *Notfall Nerd* steckt ein Notfallsanitäter mit vielen Jahr(zehnt)en Berufserfahrung, vielfältigen Aufgaben im Rettungswesen und tiefen Einblicken in die Welt des Rettungsdienstes. Er wird uns an dieser Stelle regelmäßig an seinen ganz persönlichen Erfahrungen und Sichtweisen teilhaben lassen.

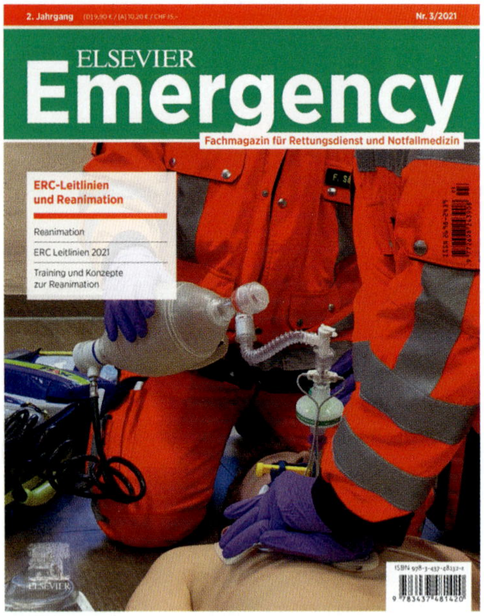

Vorschau

Heft 3/2021 erscheint im Juli 2021 mit dem **Leitthema „ERC-Leitlinien und Reanimation“.**

Voraussichtlich u. a. mit folgenden Beiträgen:

- ERC-Leitlinien 2021 – Was gibt es Neues?
- Die European Resuscitation Academy
- Training und Konzepte in der Reanimation
- Ultraschall in der Notfallmedizin

Impressum

Elsevier Emergency – Fachmagazin für Rettungsdienst und Notfallmedizin
2. Jahrgang, Heft 2/2021
Offizielles Verbandsorgan des Deutschen Berufsverbands Rettungsdienst e.V. (DBRD) und des Bundesverbands Rettungsdienst (BVRD.at)

Elsevier GmbH, Hackerbrücke 6, 80335 München, Deutschland
Geschäftsführung: Olaf Lodbrok, Patrick Scheidt

Verantwortliche Redakteurin: Hildegard Graf, Hartstr. 99, 82110 Germering
Verantwortlich für Anzeigen: Daniel Jäger Medienservice, Daniel Jäger, Gewürzmühlstr. 19, 80538 München

Druck und Bindung: Drukarnia Dimograf Sp. z o. o., ul. Legionów 83, 43-300 Bielsko-Biała/Polen

Planung: Elisa Imbery, Katharina Frank, Anna-Marie Salaja
Projektmanagement: Hildegard Graf, Martina Gärtner, Nicole Kopp, Dagmar Wiederhold
Redaktion und Herstellung: Hildegard Graf
Bildredaktion und Rechteklärung: Elisabeth Pilhofer
Satz: abavo GmbH, Buchloe/Deutschland
Umschlaggestaltung: Stefan Hilden Design, München
Umschlagherstellung: SpieszDesign, Neu-Ulm
Titelfotografie: © iStock/ilbusca

Erscheinungsweise: 6 Ausgaben/Jahr
Abonnement-Bedingungen: Das Abonnement verlängert sich automatisch um ein Jahr, wenn es nicht 6 Wochen zum Ende eines Bezugszeitraums gekündigt wird.
Bezugspreise Einzelheft: 9,90 EUR [D], 10,20 EUR [A], 15,00 CHF zzgl. Versandkosten
Bezugspreise Jahresabonnement: 54,00 EUR inkl. Versand innerhalb [D], Versand ins Ausland zzgl. gültiger Versandkosten. Alle Preise verstehen sich inkl. MwSt. Die Preisangaben sind unverbindliche Preisempfehlungen. Preisänderungen müssen wir uns vorbehalten.
Hauptherausgeber für diese Ausgabe: Matthias Klausmeier
Herausgeber: Jürgen Gollwitzer, Hans-Martin Grusnick, Matthias Klausmeier

Hinweise für Abonnenten
Mitglieder des DBRD: Bei Rückfragen zum Erhalt der Zeitschrift oder Änderungen Ihrer persönlichen Daten (Adresse, Kontoverbindung) wenden Sie sich bitte an: info@dbrd.de

Mitglieder des BVRD.at: Bei Rückfragen zum Erhalt der Zeitschrift oder Änderungen Ihrer persönlichen Daten (Adresse, Kontoverbindung) wenden Sie sich bitte an: mitgliederservice@bvrd.at

Abonnenten des Elsevier-Verlags: Bei Kundenrückfragen wenden Sie sich bitte an: kundendienst@elsevier.com, http://support.elsevier.de

ISSN 2698-2439
ISBN 978-3-437-06342-8
eISBN 978-3-437-06341-1

Allgemeine Hinweise
Kommentare, Manuskripte und Zuschriften erbeten an: rettungsdienst@elsevier.com
Aufgrund technischer Probleme war die genannte E-Mail-Adresse für einige Zeit nicht erreichbar. Bitte schicken Sie daher bereits gesendete Leserbriefe noch einmal.
Für unaufgefordert eingesandte Manuskripte oder Unterlagen übernehmen Herausgeber, Redaktion und Verlag keine Haftung.
Die in den Artikeln geäußerten Meinungen geben die Ansichten des jeweiligen Autors wieder und sind keine Meinungsäußerungen des Verlags.
Ärzte/Praktiker und Forscher müssen sich bei der Bewertung und Anwendung aller hier beschriebenen Informationen, Methoden, Wirkstoffe oder Experimente stets auf ihre eigenen Erfahrungen und Kenntnisse verlassen. Bedingt durch den schnellen Wissenszuwachs insbesondere in den medizinischen Wissenschaften sollte eine unabhängige Überprüfung von Diagnosen und Arzneimitteldosierungen erfolgen. Im größtmöglichen Umfang des Gesetzes wird von Elsevier, den Autoren, Redakteuren oder Beitragenden keinerlei Haftung in Bezug auf jegliche Verletzung und/oder Schäden an Personen oder Eigentum, im Rahmen von Produkthaftung, Fahrlässigkeit oder anderweitig, übernommen. Dies gilt gleichermaßen für jegliche Anwendung oder Bedienung der in diesem Werk aufgeführten Methoden, Produkte, Anweisungen oder Konzepte.
Obwohl alle Werbemittel mit ethischen (medizinischen) Standards übereinstimmen, stellt die Erwähnung in dieser Publikation keine Garantie oder Anerkennung der Qualität oder des Wertes dieses Produkts oder der Aussagen der Herstellerfirmen dar.
Für die Vollständigkeit und Auswahl der aufgeführten Medikamente übernimmt der Verlag keine Gewähr.
Geschützte Warennamen (Warenzeichen) werden in der Regel besonders kenntlich gemacht (®). Aus dem Fehlen eines solchen Hinweises kann jedoch nicht automatisch geschlossen werden, dass es sich um einen freien Warennamen handelt.

Bibliografische Information der Deutschen Nationalbibliothek
Die Deutsche Nationalbibliothek verzeichnet diese Publikation in der Deutschen Nationalbibliografie; detaillierte bibliografische Daten sind im Internet über https://www.dnb.de abrufbar.

Für Copyright in Bezug auf das verwendete Bildmaterial siehe Bildlegende bzw. Artikelaufmacherbild.

Um den Textfluss nicht zu stören, wurde bei Patienten und Berufsbezeichnungen im Allgemeinen die grammatikalisch maskuline Form gewählt. Selbstverständlich sind in diesen Fällen immer alle Geschlechter gemeint.

Aktuelle Informationen finden Sie im Internet unter www.elsevier.de